中公文庫

三木清 戦間期時事論集

希望と相克

三木　清
長山靖生 編

中央公論新社

目次

三木清 戦間期時事論集

希望と相克

自由主義者の立場——倉田氏の所論を読みて——

一

この頃わが国において注目すべきこととして自由主義の運動が指摘される。京大事件、ナチスの焚書に対する抗議、学芸自由同盟の創立、大学自由擁護聯盟の結成、等がその徴候的なものである。もっともそれにも拘《かかわ》らずまた特徴的なことは、そのような事件乃至《ないし》運動に関係している者も、多くは、あからさまに「自由主義」を唱え、みずから「自由主義者」と名乗るのを好まないということであろう。このことは、わが国では従来自由主義というものが十分に発達しておらず、自由主義の伝統が薄弱であるということにもよるであろう。然《しか》し一層注意すべきことは、今日一般的に「自由主義」と呼ばれるものが、やや複雑な事実を一緒に包括し、多様なる意味を同時に含んでいるということである。

第一にまず正統的の自由主義の継承者と見られるものがある。自由主義はもと近代資本主義社会の生長と共に現われた思想であるが、それは種々の改訂を経て、現在では、社会民主主義となり、或《あるい》は一転していわゆる社会ファシズムとなった。一方が退却し、他方が自由主義の反対物となったとき、なお自由主義者として残っているのは、いわば「心情からの」自由主義者である。彼等はもはや社会民主主義者ですらないかも知れない。彼等はただ純真なヒューマニストである。自由主義は彼等にとっては政治的プログラムであるよりも「生きた信仰」である。近代自由主義は、原則的には、あらゆる人間が自由であるべきことを述べた。彼等は抑圧された者の解放という一般的原則に、そのヒューマニスト的感情から固執する。

倉田百三氏は本紙において「自由主義者に訴う」という一文を発表され、自由主義者がファッショと提携すべきことを勧説された。敢《あえ》て倉田氏の勧説を待つまでもなく、多くの自由主義者は既に社会ファシストとなっており、社会民主主義者の社会ファシズムへの移行は顕著な事実でないか。今更《あらた》めて勧告するの必要は毫も存しない。このときなお自由主義者として残り得るのは、進歩的ヒューマニスト以外のものではなかろう。

かようないわば心情からの自由主義者が今日の自由主義者の一部分をなしているとすれば、より多く存するのは文化主義的自由主義者ともいうべきものである。これは特に日本におけるドイツ思想の従来の影響から見て軽視することができないように思う。もっともドイツではイギリス乃至《ないし》フランスの如《ごと》く自由主義は完全に発達しなかった。「ドイツには嫌われたそして罵られた色々な原理があるが、然《しか》し軽蔑に値するものはドイツの土地ではただ自由主義のみである。」とさえシュペングラーは書いている。

けれども、例えばカントはなお十分に自由主義的であった。またドイツの浪漫主義はひとつの特色ある自由運動として起ったものである。此《この》運動の影響のもとに自由主義文献のうちもっとも異彩あるもの、フンボルトの『国家の活動の諸限界』が作られた。そしてこの書を特徴付けているのは教育とか文化とかに対する限りなく深い愛である。新カント主義も自由主義的であった限り文化主義的であり、この派の哲学者は人間のうちに存する良心乃至《ないし》規範意識を「文化意識」として説明した。カントに始まる「自由の哲学」はヘーゲルに至って事実上国家主義と結び付き、そして今日新ヘーゲル主義は、イタリアのジェンティーレなどにおいて見られるように、ファシズムのイデオロギーとなった。わが国の文化主義者のうちにもそのような者を生じたが、然《しか》しより純真な文化主義者はなお自由主義者としてとどまっている。文化の発達のためには人間がその力を自由に、かつ多様に発達させることが必要であると考えられるからである。

日本における最近の自由主義の運動の特徴は、ひとつの文化運動であるということである。それは文化弾圧に対する抗議として現れた。然《しか》るに文化的にいっても、弾圧されているのは、断じてファッショのイデオロギーではない。文化主義的自由主義者が、倉田氏の勧められる如く、ファッショと結びつくということは理由なきことでなければならぬ。由来、自由主義運動はつねに抗議運動であったし、またつねにそうあるのほかない。これが人間歴史の現実なのである。

ところで今日の自由主義者の中には、右に述べたほかに更《さら》に他の全く新しい種類があるのでありこのものこそ今日の自由主義を特徴付けるものであろう。

二

右に述べた自由主義者は、心情からの自由主義者にせよ、文化主義的自由主義者にせよ、共になお近代的原理の上に立っている。その限り、彼等はブルジョワ的自由主義者と呼ばれることができる。例えば、彼等は「理性」の思想の上に立っている。ヒューマニズムの原理は理性の思想であるが、彼等の立場は、「人道主義」としても、「人文主義」としても、ヒューマニズムである。然《しか》るに新しいタイプの自由主義は彼等も自由主義者と呼ばれるにしても、もはや其《その》ような意味では自由主義者ではなく、ヒューマニストでもない。これにも二つの種類が区別される。

例えばロマン・ローランをあるいは最近転向を伝えられたアンドレ・ジードを、自由主義者というが如き場合がそのひとつである。この種の新しいタイプの自由主義者も、ある意味ではもちろんヒューマニストに相違ない。しかしながら彼等は理性主義的人道主義者ではない。彼等はあらゆる人間の本質としての理性に対する信頼を有しない。彼等には、従来の理想主義の思想が教えたように、理性が自由と創造との根源であるとは考えられない。この種の自由主義者は却《かえっ》て「新しい人間性」の探求者である。彼等の誠実な探求は幾度となく失敗したであろう。そして懐疑と不安とが彼等をとらえたにしても、彼等の探求はいよいよ激しくなるばかりである。彼等は遂《つい》にただ大衆のうちにおいて新しい健康な人間性を期待せざるを得なくなる。既にドストイエフスキーは、人間性のかかる熱烈な探求者として、民衆に対して極めて深い愛を抱いていた。もはや頽廃したブルジョワにおいてでなくただ新しく盛り上って来る大衆を通じてのみ人間性の回復を信じざるを得なくされた者は、また「新しい社会」を熱心に待望せざるを得なくなるであろう。

かような特殊な自由主義者、新しいヒューマニストのほかに、いわば平面を異にして他の一群がある。この人々は文化の従事者であるけれども、文化主義者ではない。然《しか》し彼等も何程《ほど》か文化主義的であるのがつねである。この人々は一般的には文化に関する唯物史観的見方を認め、プロレタリア文化の優越を信じ、現在のブルジョワ文化において「文化の危機」を見る。彼等の考え方が多くの程度においてマルクス主義的であるにしても、決定的なことは、彼等においてはかの政治の優位乃至《ないし》政治主義は現実的において多かれ少なかれ緩和されている。彼等は極端な政治主義が文化の発達のために有害ではないかを恐れる。少くとも彼等はみずから政治的実践に関与しない。彼等の直接の関心となっているのは文化である。其《その》限り彼等はなお文化主義的自由主義者と或《あ》る共通のものをもっている。

これらの自由主義者が、その性格、その思想において、進歩的自由主義者として、ファッショと最初から反対の立場にあることはいうまでもない、然《しか》し、如何《いか》なる自由主義者が今日の情勢においてファッショ反対でないであろうか。

三

自由主義者は、自由主義者として、少くとも批評の自由を要求する。倉田氏は、自由主義者がファッショを教えてやるようにと勧められる。けれども教えるためには批評をせねばならぬ。然《しか》るにファッショに対する自由な批評は許されていないのである。例えば、軍部に対する、戦争に対する、満洲事変に関する、等々の忌憚なき批評は決して許されていない。しかもファッシズムのイデオロギーは容赦なく宣伝されている。自由主義者はファッショに対する批評の自由を奪われているが、反対にマルクス主義者に対する批評の自由のために争うことは少しも必要としない。マルクス主義に対する批評は却《かえ》ってつねに歓迎されているのである。自由主義者は、彼が真の自由主義者である限り、今日もはやそれほど自由ではない。自由主義者が自由を奪われているという事実、しかもそれが特にファッショに対する関係においてであるということに、倉田氏は注意されねばならなかったはずである。

倉田氏自身書かれている、「もとよりファッショには幾多の欠点があり、誤謬も犯し易《やす》い。しかしもともと彼等の社会的機能は誠と熱と行動とにあって、知能にあるのではない。その欠陥は知識階級が是正し、指導すべきものである。また彼等の知的誤謬が強烈な実行意志に伴われる時には、文化と自由との逆転と破壊とを結果するおそれもある。」ところで、唯《ただ》「誠と熱と行動」だけでは甚《はなは》だ危険であることは、倉田氏も認められるところであって、それが如何《いか》なる方向、如何《いか》なる指導に従ってはたらくかが何よりも問題である。然《しか》るに倉田氏によれば、ファッショの「社会的機能は知能にあるのではなく」従ってファッショには「幾多の欠点があり、誤謬も犯し易い。」いま「その欠陥は知識階級が是正し、指導すべきものである」としても、ファッショの行動に対する批評の自由はそのもっとも肝要な点について許されていないということが明かな事実である以上、まことに是正のしようもなく、指導のしようもないではないか。かくて「彼等の知的誤謬が文化と自由との逆転と破壊とを結果する」ということは、決して単なる「おそれ」にとどまっていないのである。

例えば、京大事件を見よ。滝川教授が何等マルクス主義者でなく、寧《むし》ろ単なる自由主義者に過ぎぬことは、「知能を社会的機能とする」ほとんど凡《すべ》ての者が認めたはずである。この一事件を見ても、自由主義者にとって文化的自由が奪われつつあること、その危険の増大したことは明かであろう。自由主義者はこの点に関して今やマルクス主義者と同じ運命におかれようとしている。このことが、その他の点では互に一致しない種々なる種類の自由主義者たちを結合せしめ、そして彼等を、特に文化的自由の問題に関して、マルクス主義者とも一致せしめた所以《ゆえん》である。倉田氏が甚だ奇怪とされるように、自由主義者とマルクス主義者との接近があるとすれば、それを喚び起したのは、実はファッショそのものの仕業なのではなかろうか。

種々なる程度の差こそあれ、如何《いか》なる種類の自由主義者もつねに進歩的である。進歩的でなきが如き自由主義者は本質的に自由主義者ではない。従って彼等はプロレタリア文化に対する現在あまりにも不当なる弾圧に対して賛成することができぬ。或《あ》る者は文化の多様性と豊富とを愛するために、或《あ》る者は相対立する文化の存在はそれの発達の動力であると考えるが故《ゆえ》に、プロレタリア文化の尊重者であり、また他の者はプロレタリア文化において文化の唯一の可能なる更生乃至《ないし》発展を信ずるが故にこの文化の味方である。けれども単にそれだけにとどまらない、今日の情勢は自由主義者をして自己自身の文化的自由をも防衛せねばならぬ必要を感ぜしめるに至ったのである。最近の自由主義の運動は、倉田氏の想像されるように、マルクス主義者が自由主義者にはたらきかけることによって生じたものでなく、また自由主義者がマルクス主義者のカモフラージのために宿を貸すために起ったものでもない。却《かえっ》てファッショ的文化弾圧が自由主義者をば、文化的自由に関してたまたまマルクス主義者と同様の立場に追い込みつつあるのである。

倉田氏は次の如くいわれている。「かくして日本のファッショ的勢力が、知識階級全部を敵としなくてはならなくなるならば、彼等は流石《さすが》に何事もなし得ないが、そうでなければ独断的武断的となるであろう。しかし何故に日本のファッショをかかる窮地に陥れなければならないのか。」と。そして倉田氏はその罪があたかも自由主義者の側にあるかの如く主張されるのである。決してそうではない。もしも自由主義者をマルクス主義者と同様の立場におくことがファッショにとって窮地に陥れる所以であるとすれば、ファッショは今日みずから招いて窮地に陥りつつあるのである。

浪漫主義の擡頭

さきほどから文壇の一角において浪漫主義の叫びがあげられている。林房雄氏、亀井勝一郎氏などの名がまずそれに関聯して考えられるであろう。このような叫びは今度やや具体的な文学運動の形式を取ろうとしている。『コギト』十一月号にはそれの宣言とも見られ得る『日本浪漫派』の広告文が掲げられた。この宣言の署名人、近く発刊されるというこの新雑誌の同志には、亀井氏を初め、保田與重郎、中島栄次郎、中谷孝雄、神保光太郎、緒方隆士の諸氏がある。あの同人雑誌『現実』の一部が『日本浪漫派』に変るわけであろう。我々はかかる題名変化のうちに最近の文壇の動きの一徴候を認めることができる。従来全く圧倒的であったリアリズムに対して、ともかくもロマンチシズムを名乗る者が現れて来たのである。

林氏や亀井氏などには左翼的傾向の人の中でも元来性格的に浪漫的なところがある。またコギトの基調は、唯《ただ》それがこれまで公然と主張されなかったというだけで、もともと浪漫主義であった。時には文壇の風潮に押されて保田氏その他がリアリズムを唱えたことがあるにしても、その理論の実質はいつも浪漫主義を多く出なかったのである。ヘルダーリン、ノヴァーリス、シュレーゲル、シェリング、等、ドイツの浪漫主義者の紹介と研究とはこの雑誌の特色をなし、その功績に属すると見られてよい。しかしながらこの系統の浪漫主義と、亀井氏などにおいての如くプロレタリア文学の系統から来た浪漫主義とは、それほど無雑作に結び付き得るかどうか、既に一つの問題であろう。

右の日本浪漫派の宣言によると、この運動は今日瀰漫《びまん》せる「平俗低調の文学」に対する挑戦である。それは市民的根性に対する「芸術人の根性」の擁護である。また曰う、「日本浪漫派は今日の最も真摯な文学人の手段である。不満と矛盾の標識である。」更《さら》に曰く、「日本浪漫派は、今日僕らの『時代の青春』の歌である。僕ら専ら青春の歌の高さ調べ以外を拒み、昨日の習俗を案ぜず、明日の真諦をめざして滞らぬ。わが時代の青春！　この浪漫的なるものの今日の充満を心情において捉え得るものの友情である。芸術人の天賦を真に意識し、現在反抗を強られし者の集いである。日本浪漫派はここに自体が一つのアイロニーである。」と。これらの文章のうちに言い表されているのは、一、俗人根性に対する芸術的天才性の高揚、二、散文的精神に対する詩的精神の強調、三、浪漫的アイロニーの主張、等々である。然《しか》るにかくの如き提唱は実は就中《なかんずく》かのドイツ浪漫主義の芸術論殆《ほとん》どそのままの繰返しであって、遺憾ながら新味に乏しいと云わねばならぬ。それにしても、このような提唱にも今日の文学の状況において何か新しい意義が認められるであろうか。

この頃の文壇における一つの顕著な現象として指摘され得ることは、とりわけ若い世代の批評家たちの間に見られる主観主義的傾向である。客観的な基礎付けや論理的な聯関には無頓着に、ただ自己の「心情」を主観的に語ることが彼等に喜ばれる。この人々の文章が難解であるというのも、彼等が意識的に或《あるい》は無意識的にアイロニーを好むからにほかならない。アイロニーは諷刺やユーモアとしばしば混同されているが、夫《それ》らは性質的に違ったものであって、互に明瞭に区別されねばならぬ。先《ま》ずこのアイロニーの本質を究めることが、浪漫主義の意義を明かにするために必要である。主観性とアイロニーと浪漫主義とは密接につながっている。若い世代の思考のうちにアイロニーが顕著であるところから見れば、今日浪漫的傾向は、理論の上ではともかく、精神的態度の上では存外広く行き亙っているとも云われ得る。

諷刺の基礎にはリアリスチックな、客観的な、社会的な見方がある。このことは、少し以前文壇においてリアリズムの気運が全盛であった丁度《ちょうど》その時分に、諷刺文学の問題がたびたび議論されたことからも知られるであろう。然《しか》るにアイロニーは主観性の規定である。キェルケゴール、此《この》性格的には浪漫主義者でありながら浪漫主義克服の為《ため》に苦闘した詩人的思想家の言葉によれば、「アイロニーは主観性の最初の、最も抽象的な規定である」。そのことは、あのソクラテスのアイロニーによって有名なソクラテスにおいて、主観主義の立場が初めて人類思想のうちに現れたということが示している。近代哲学においてカントに始まる主観主義は放胆なフィヒテを俟って完成され、そしてフィヒテの後、彼の影響のもとに、シュレーゲル、ティークなど浪漫主義の文芸家は、アイロニーを一つの立場にまで高めた。かかる歴史的聯関から見ても、アイロニーが主観性の規定であることは明瞭である。

いまキェルケゴールは種々なる意味で現代人の意識の一標識となっているが、彼がアイロニーの概念について書いた文章は、最近我国に現れた浪漫主義の心理を理解する上にも役立ち得るであろう。彼はその中で云う、アイロニーは否定性である、なぜならそれは唯《ただ》否定するのみであるから。それは無限である、なぜならそれは此《こ》のもしくは彼《か》の現象を否定するのでないから。それは絶対的である、なぜならアイロニーがその力において否定するものは実は存在しないところの、より高いものであるから。アイロニーは無を建てる、なぜなら建てらるべきものは、その背後にあるのであるから。またアイロニーにおいて主観は消極的に自由である、なぜなら主観に内容を与うべき現実はそこにないのであるから。主観は与えられた現実がそのうちに主観を縛る束縛から自由である、主観は消極的に自由であって、かかるものとして浮動的である。このような自由、このような浮動が人々に或《あ》る感激を与える、なぜなら彼等はいわば無限の可能性に酔っているのであるから。キェルケゴールがアイロニーを説明したこれらの言葉は、今日の日本の青年浪漫主義者の心理をかなり適切に説明していないであろうか。

この人々は現状に対する反抗者である。このことは誰も尊敬をもって認めなければならぬ。彼等のアイロニーはそこから生れる。然《しか》しながらその反抗は具体的な、限定された現実に対するものではなく、寧《むし》ろ無限定な反抗であるということがその特徴である。それは無限なる否定である、なぜならそれは無限定であるから。現実は狭隘卑小なものとして感ぜられるが、如何《いか》なる原因に限定されてそうであるのかは客観的に考察されることなく、それ故に現実と云っても無限定なものに過ぎない。彼らの戦いは一定の戦線というものをもたぬ。然《しか》しフロントをもたない戦いは戦いと云われ得るであろうか。そしてこの人々はただ彼等の主観性をもって戦う。そこでは「良心」という、この最も主観的なものが問題にされる。良心といっても客観的原理としては無内容であり、従ってこの人々は「夢」について、また「憧憬」について語る。「我が時代の青春の歌」とは「無限の可能性」に対する陶酔にほかならないであろう。無限定な現実に対せしめられるのは無限の可能性という主観的なものである。

我々の時代は混沌として行方を知らぬように見える。其《その》方向を客観的に指示すると称した諸主義、諸原理も信頼するに足らぬかの如くである。しかも現実の状態は我々の反抗せざるを得ないものである。そこから浪漫的アイロニーが出て来る。然《しか》し彼等の夢や憧憬が真に詩的で明朗であるかどうか、問題である。

代表的な浪漫主義、十九世紀のドイツの浪漫主義は、詩的浪漫主義、憂愁の浪漫主義、悲劇的浪漫主義という三つの様相もしくは段階を有すると云われている。詩的浪漫主義者は自己の主観性に逃れ、何等かの部分的想像から宇宙を築き上げる。憂愁の浪漫主義者は自己の主観性に引籠り、一切のもののうちにおける異郷性を痛ましく体験する。悲劇的浪漫主義者は実存に向って努力する、彼は詩的浪漫主義者の逃避と憂愁の浪漫主義者の受動性とに対して戦う。言い換れば、彼は彼の浪漫主義を否定し、彼の浪漫的運命を克服しようとするのであるが、それが成功するものでない限り、彼は悲劇的浪漫主義者たらしめられる。ストリンドベリイも、ニイチェも、ドストイエフスキーも、キェルケゴールも、このような悲劇的浪漫主義者の一面を有したと云われよう。

　ところで今日我国の浪漫主義的現象を観察するとき、これら三つの様相は種々なる程度で新しい形態を取っている。ここではもちろんこの国の一般的精神的状況に相応していろいろ混淆している。然《しか》しコギトの人々の浪漫主義はどちらかと云えば詩的乃至《ないし》憂愁の浪漫主義であり、そして此《この》頃の若い世代の思考におけるアイロニーというものに大きな影響を与えたと思われる小林秀雄氏などは、その浪漫性の方面からすれば、悲劇的浪漫主義に近いとも見られなくはなかろう。更《さら》に新しい傾向としてプロレタリア文学から出た浪漫主義は新しい詩的浪漫主義とも云うべく、殊《こと》に亀井氏の場合の如くマルクス主義の社会的階級的見地から離れるとき、それはやや純粋な詩的浪漫主義となるであろう。

　かの「文芸復興」の声によって芸術の解放が求められた。それによって準備されたのは芸術家の主観性の解放である。ところが皮肉にも、或《あるい》は意味深くも、かかる文芸復興の声と共にリアリズムの主張が圧倒的な勢力を占めることになった。文芸復興という語がそれ自体或《ある》浪漫的なものを現し、それまで支配的であったところの、プロレタリア文学の正統的と称せられる純粋な客観主義の主張に対して、主観性の解放を意味するとしたならば、その場合リアリズムは決して単なる客観主義のことではあり得なかった筈《はず》である。それにも拘らず、リアリズムという標語に圧迫されてこれまで主観性は十分に主張されず、また尊重され得なかった。リアリズムの散文的精神によって「詩的精神」は抑圧され、その写実的精神によって芸術の「創造性」の理解は制限され、芸術の主導的能力が美学第一課の教える如く感情乃至《ないし》「想像力」であることが蔽い隠され、このようにして作品は低調なものになって行くように感ぜられるところがあった。かくて今文芸復興の声によってその解放を準備された主観性が一つの立場にまで高められて浪漫主義の提唱となったということにも理由がなくはなかろう。

浪漫主義はかくの如き反動として今日或《ある》意味、また或《ある》必要をすらもっている。然《しか》しその意味は消極的に過ぎぬのでないか。浪漫主義は現状に反抗する、そこにその積極性があると云うかも知れない。けれども反抗さるべき現実の客観的認識が見棄られる限り、反抗はアイロニーとして主観性の内部に留まるのほかない。悲惨なる現実の中にあってなお夢み、憧憬しようとする心情の美しさを誰も疑いはしないであろう。然《しか》し問題は、この夢の内容、この憧憬の方向が如何《いか》なるものであるかということである。それが現実の発展の方向と一致しない場合、浪漫主義は悲劇的浪漫主義とならざるを得ない。また一致する場合、浪漫主義は単なる浪漫主義でなくなってしまうであろう。そこで我々はもう少し、新しい詩的浪漫主義と時代との聯関を考えてみよう。

今の時代が転換期であるとすれば、この時代はそれ自身において或《ある》浪漫的な性格を具えている筈である。私は嘗《かつ》てネオヒューマニズムの問題と文学について論じ（『文芸』創刊号）、次の如く書いたことがある。「現代はまことに多くのミュトスを包臓している時代であり、そこに、あらゆるリアリズムの提唱にも拘らず、現代のロマンチシズム的性格がある。このことは如何《いか》なるリアリズムの唱道者も見逃してはならないことである。」ここで云ったミュトスは浪漫主義者の欲するように「夢」という語によって置き換えられてもよい。ただミュトスは個人的な夢のことでなく、本来社会的なものであり、社会的ミュトスとして我々にとって重要性をもっている。然《しか》るに浪漫主義者は芸術的天才性を強調することによって、その主張のうちには芸術至上主義の傾向が甚だ濃厚であり、夢とか理想とかもそのような立場において詩的個人的なものと考えられているに過ぎないのではないかと疑われる。

亀井氏は云っている、「ロマンチシズムを妄想であり、観念の遊戯であると見做す俗見は既に打破られている。それは深く現実に徹しようとする者の情熱の方向であり、現実のなかにただ現実を見るのではなく、その可能性と未来性とを見る、いわばリアリストなるが故にこその夢である。」（『文芸』九月号）。然《しか》し現実をその可能性と未来性とにおいて見るというのは現実を発展的に見ることにほかならず、そしてそれこそマルクス主義の唯物弁証法においてなされていることではないか、と反対されるであろう。寧《むし》ろ自己の夢を、現実との聯関において規定することなく、もしくは現実との聯関において規定することが不可能であると考えるところに浪漫主義があるのではないか。周囲の現実は夢を許すようなものでなくて、夢を全くたたき毀すようなものである、けれど我々の主観はなお夢みることを欲する、この主観の憧憬に詩的場所を与えるために現実から主観のうちへ逃れようというのが浪漫主義ではないであろうか。

ミュトスというものは決して単に客観的にのみ限定し得ぬものである。その限りにおいて浪漫主義が客観的現実主義に反対することは正しい。またそれが人間性のうちに含まれる憧憬、エロスを尊重しようとするヒューマニスチックな気持乃至《ないし》態度も我々の同感できることである。エロス、人間のパトスのこの根源的なもののうちから生れるミュトスを単なる妄想と見做すことには我々も反対する。然《しか》しながらミュトスは限定され、形成されねばならぬ。そしてそのためには新しい倫理の確立されることが何よりも必要である。ところが浪漫主義者はその浪漫的美的態度ないし芸術至上主義の自然の結果としてこのような倫理の問題を度外視することになる。なるほどこの人々は「良心」と云う。けれども良心とは「心情」のことであり、この人々の良心が無限であるのは、この人々の「夢」が無限であるのと同じように、それが無限定であるがためにほかならない。倫理の問題を単なる客観主義の立場から見ることは誤っているとしても、社会的現実との聯関を断念した良心は結局アイロニーの範囲に留まるであろう。

それにしても、最近の浪漫主義の根柢にもヒューマニズム的要求が新たに動いているのではなかろうか。私は浪漫的アイロニーが新しい倫理によって支配されて行動的になることが必要であると思う。ともかく、この頃或《あるい》は「行動的ヒューマニズム」と云い、或《あるい》は「意志的リベラリズム」と云い、ネオヒューマニズムの問題がかなり力強く現れて来たことは注目すべきことであり、興味深き事実であると云わねばならぬ。ネオヒューマニズムの原則の徹底的な論究が今要求されている。

現代の浪漫主義について

一

浪漫的と古典的とは相対立する概念と考えられるが、如何《いか》なる具体的なものもつねにこれらの両要素を含み、単純に浪漫的なもの、単純に古典的なものと云い得るものはないであろう。現実に存在する思想、芸術、人間、時代は、すべて浪漫的と古典的との二つの方面を具えている。特にそれが優秀なものであればあるほど、それを古典的とか浪漫的とかと一義的に規定することは愈々《いよいよ》困難である。古典的及び浪漫的という概念そのものも多義的であり、両者の対立にしても種々異って理解されている。従って私が今或《あ》る物を浪漫的として特徴付けようとするとき、私は何程《ほど》かの危険を冒していることになる。他の人は同じ物の他の方面を取り出してそれを古典的と名付けることも不可能でないであろうし、また私の用いる浪漫的という語が他の人によって私の考えているのとは違った意味に理解される可能性もあるのである。

古典的と浪漫的とは人間性のうちに含まれる二つの側面もしくは方向を現わしている。一方は人間性の合理的側面、他方はその非合理的側面であるとも云い得るし、私の言葉を用いて、一方は人間性のロゴス的側面、他方はパトス的側面であるとも云い得るであろう。これらの二つの側面はつねに人間性のうちに含まれているのであるが、絶えず同じ割合であるのでもなく、また絶えず同じ程度に活動するのでもない故に、そのいずれかがまさるに従って、或《ある》いは浪漫的或《ある》いは古典的と云われるのである。然《しか》し単にそれだけでない、T・E・ヒュームも述べた如く、浪漫主義と古典主義との対立は人間性の解釈の相違に於《おい》て特徴的に現われる。ヒュームによると、人間を可能性の無限の貯水池と見るのが浪漫主義であって、古典主義はこれに反し人間は限定されたもので、その性質は恒常なものであると考える。そして前者は、人間を抑圧している秩序を破壊して社会を作り直せば人間の有する無限の可能性の発現の機会が与えられ進歩があると見るに反し、後者は、ただ伝統と組織とによってのみ凡《すべ》て立派なものが人間のうちから生れ得ると考える、とヒュームは附け加えて規定している。古典主義者は人間性を限定されたもの、恒常的なものとして理解するのみでなく、その活動に於《おい》ても限定されたもの、恒常的なものを求める。浪漫主義者は自己のうちに限定されぬもの、可能なるものを見るのみでなく、外に向っても無限なるもの、固定されぬものを憧れる。このように無限と有限という対立概念は浪漫主義と古典主義との区別を現わすために屢々《しばしば》使われている。

然《しか》し注目すべきことは、浪漫主義と古典主義とが一般的に云ってそれぞれ歴史の一定の時代に相応する観念形態であり、かくて或《あ》る時代はそのものが浪漫的で、他の時代はそのものが古典的であるのが見られるということである。概括的に云えば、社会の転換期は浪漫主義の時代であり、その円熟期は古典主義の時代である。もとより歴史は絶えず変化しているものであるから、浪漫主義的時代のうちにも既に新しい古典主義が準備されつつあり、古典主義的時代のうちにも既に新しい浪漫主義への傾向が包含されているであろう。もしこのように浪漫的と古典的とが歴史の発展のリズムを現わすものとすれば、社会の転換期と見られる現代の一般的な特徴は古典的でなくて浪漫的であるべく、従って浪漫主義は現代文化全般に関わる根本的に重要な問題でなければならぬ筈である。近年我が国ではリアリズムの問題が最も多く論ぜられた。リアリズムは浪漫主義に対置されるから、それは古典主義の側にあると見られることができ、実際また古典主義はリアリズムを代表しているのである。然《しか》るにもし現代の一般的な特徴が浪漫主義にあるとするならば、この場合リアリズムと云っても、それは古典的リアリズムでなく、浪漫主義と深く結び付いたものであろう。事実、現代のリアリズムは多くの浪漫的要素を含んでおり、そこにこのリアリズムの特徴が認められる。或《ある》いは寧《むし》ろ浪漫主義が純粋な浪漫主義であることができず、何等かリアリズムとならねばならぬところに、現代の浪漫主義のひとつの特徴があるとも云うことができる。我々はかかる浪漫主義を悲劇的浪漫主義と名付けてもよい。

あらゆる時代の浪漫主義が浪漫主義としての共通の性質を有することは云うまでもないが、また時代の差異、歴史的情況の変化に従って、それぞれの固有な性格を有することも争われない。例えば、ルソーとアダム・ミューラーとは、いずれも浪漫主義の代表者の如く云われているが、二人の思想家は或《あ》る意味では甚しい対立をなしている。浪漫主義とは固定した秩序、制度、形式に対する反抗的精神、革命的心情を謂うとすれば、ルソーはその意味の浪漫主義者であるとしても、ミューラーは同じ意味では浪漫主義的でなく、寧《むし》ろ反対に保守的、伝統的である。ミューラー的立場からは、ルソーの思想は啓蒙主義的であり、そして浪漫主義と啓蒙主義とは相対立したものであって、啓蒙主義の克服こそ浪漫主義の最も偉大な功績であるとされるのである。啓蒙主義は封建的イデオロギーに反対して起った近代資本主義の思想であるが、ドイツの浪漫主義はヨーロッパ資本主義のうちにおけるドイツの立ち遅れに基づき、ドイツの独自性の擁護のために発展したものと云われている。かくの如く浪漫主義にも歴史的に種々のものがあるとすれば、現代の浪漫主義が特に如何《いか》なる性質のものであるかを明かにすることが我々にとって問題でなければならぬ。もちろん現代の浪漫主義の中にも更《さら》に種々の区別がある。また浪漫的ということが現代の一般的な特徴である限り、普通には浪漫主義とは見られず寧《むし》ろその反対物と見られているもの、例えばマルクス主義の如きもののうちにも、或《あ》る浪漫的なものを認めることができる。けれどもマルクス主義をファッシズムと一緒に浪漫主義と呼ぶとすれば、そこにはルソーとアダム・ミューラーとの間におけるよりも大きな差異が含まれていることになる。ファッシズム的浪漫主義の立場からは、マルクス主義は却《かえ》って啓蒙主義として排斥される。

そしてまた実際マルクス主義は新しい啓蒙主義と云われ得る性質と意味とをもっているのである。少くともマルクス主義を現代の浪漫主義の代表的なものとして取扱うことは適当でない。現代の浪漫主義に就《つ》いて語る場合、我々は現代思想の平均的な特徴を求めるというのでなく、現代思想のうち、最も浪漫的なものに就《つ》いて考察することが必要である。私は現代の浪漫主義的諸傾向における顕著な特徴を現わすために三つのものを挙げたいと思う。一、自然神秘説、二、創造の哲学、三、浪漫的アイロニイ、がそれである。これらのものは、もとより個々独立したものでなく、とりわけ浪漫主義が純粋である場合、相互に密接な関聯を有するが、然《しか》しまた或《あ》る思想は或《あ》る一つを、他の思想は他の一つを特別に明瞭に現わしているのである。

二

従来の自然哲学の多くにおいて、我々はそれが神秘的思想と内的に結合しているのを認めることができる。カール・ヨエルの如きも自然哲学はすべて神秘的精神から生れたものであると説いている。然《しか》るにかような自然神秘説は屢々《しばしば》浪漫主義と結び付き、その哲学的根拠ともなっている。ギリシアの初期、また近世の初めルネサンスは特に自然哲学の諸体系の時代であった。そして、この時代の精神のうちには浪漫的なものが流れていた。古典的と云われるギリシアにおいてすら、その自然哲学的時期は浪漫的であったと云われることができ、ヨエルはこれを「原初的浪漫主義」と呼んでいる。また我々はドイツ浪漫主義の時代が自然哲学的体系の時代でもあったことを想起する。このように浪漫主義は自然哲学、時に自然神秘説と密接に結び付いているのが認められるが、このことは原理的に云ってそうあるべき理由を有するように思われる。なぜなら偉大なるギリシアの哲学者が説いた如く、すべての存在は質料と形相とから成り、質料と形相とはあらゆる存在に含まれる二つの要素であるとするならば、形相的原理によって古典主義を、質料的原理によって浪漫主義を代表させることも不可能ではないであろう。蓋《けだ》し形相は限定されたもの、不変なもの、合理的なものを意味し、これに対して質料は無限定なもの、可能なもの、非合理的なものを意味する。質料、物質乃至《ないし》自然はかくの如き性格の故に、浪漫主義者によって浪漫的に解釈されて、その思想の基礎とされるに丁度《ちょうど》ふさわしいものとなっている。浪漫主義を単なる観念論と見ることは屢々《しばしば》極めて不十分である。少くとも浪漫主義者はイデア主義者――イデアのもとの意味は物の姿、形相のことである――という意味において観念論者でなく、彼等は屢々《しばしば》一見甚だ唯物論的に語る。「思惟はまた電気である」、「思惟は筋肉運動である」、などとノヴァーリスですら云っている。浪漫主義を単なる観念論として批評することは不適切であることを免れ難《がた》く、それに対する批評は自然神秘説の内奥にまで喰い入ることを要求されている。浪漫主義の哲学者によって特に重要な意味を負わされるに至った精神（ガイスト）と心霊（ゼーレ）との区別を用いるならば、浪漫主義は観念論であるにしても、精神の哲学でなくて寧《むし》ろ心霊の哲学である。精神はイデア的なもの、合理的なものに向うに反して、心霊は形なきもの、質料的なものと直接に融合する能力と考えられている。

尤《もっと》も自然と云っても多義的である。近代史において有名な人権宣言の根柢には自然法の思想があった。この場合の自然は到る処同一で、つねに不変なものを意味し、かかるものとして歴史的偶然的に成立した伝統や制度に対する革命的行為の基礎とされたが、この自然は浪漫的とは云われない。近代の浪漫主義に最も大きな影響を与えたルソーの思想の中心は自然の概念であり、それは同じように社会革命に対する武器として用いられたが、この自然は絶えず動くもの、抒情的なもの、やや神秘的なものであって、それ故に浪漫的であった。現代の浪漫主義も自然神秘説を基礎としていると云うとき、その特色は如何《いか》なるものであろうか。もとより現代の浪漫主義にも種々あり、その自然神秘説にも直ちに同一視し得ない様々な区別がある。我々は先《ま》ずその一つに注目しよう。そしてそれはほかならぬファッシズムである。

ファッシズムが浪漫主義であるのに注意することが先《ま》ず最も必要である。民族、国民、国家等に関するファッシズム的思想の系図を尋ねるとき、我々はアダム・ミューラーその他の浪漫主義を見出す。そして実際、ファッシズムの理論家、例えばシュパンの如きはミューラー等の浪漫主義者をあからさまに祖師としているのである。今日ドイツにおいてミユーラーはナチスのイデオローグとして盛んな復活を経験している。ひとは浪漫主義がつねに革命的であったなどと考えてはならぬ。就中《なかんずく》ドイツ浪漫主義——それはともかく理論的な体系を有する模範的な浪漫主義である——は、最初のフランス及びイギリスの影響が過ぎた後、保守主義、伝統主義の代表的な理論として発達した。我々は現代ファッシズムの理論が、その民族主義、全体主義、有機体説等々に関して、如何《いか》にそのような浪漫主義の理論と一致するかをここに縷説《るせつ》する暇をもたぬ。ただミューラーの次の一句を引くだけで十分である、「国家は人間的重要事の総体である、それの生ける全体への結合である。」国家の目的を問うことは、国家を何等かのもののための手段と見ることであり、国家がいつか無用のものとなってより善き他のものが代るであろうという信仰を喚び起すからいけない、とミューラーは論じている。ところで我々は現代ファッシズムにおける自然神秘説の特徴的なものとして「血と地の神秘主義」を挙げねばならぬ。運命共同体と理解される民族の基礎は何よりもその「血の根源性」に求められ、民族は血族的結合から生長した自然的聯関と見做される。かかる血の神秘主義に如何《いか》なる重要性がおかれているかを傍証するに足る甚だ興味ある一例として、プラトンの国家哲学の新解釈を紹介したい。プラトンの国家哲学は最近に至るまで、よしコムミュニズムの例に引かれないにしても、正真正銘の精神的貴族主義として一般に理解されていたものであった。然《しか》るにギリシア哲学史家として従来かなりの名声を有するマックス・ヴントは今ではこれに次のような解釈を与えている。「プラトンが国家にとって血の純粋性に如何《いか》に大なる重要性を認めたかは、実に周知のことである。戦士はその血統によって貴族の身分として他の民衆から区別される。彼等の血の純粋性の番をすることが哲学者の特別に重要な任務である。そしてプラトンが子供を産むことや生活に処することに関してなしたあらゆる特殊な、今日の考え方にとって極端に見える要求も本質的には、血の純粋性を維持するというこの目的に仕えるのである。国家民族、まさに戦士の身分は、自己を同じ血によって統一された大なる家族と見なければならない。この血の力のうちにイデアは民族を統一にもたらす無意識的な力として生きている。ただ高貴な血から出た高貴な精神のうちにおいてのみイデアは意識的な生活と明瞭な知見とに達することができる。」智慧の純粋性の番をすることでなく、血の純粋性の番をすることが「哲学者の特別に重要な任務」と解釈される。イデアは血のうちに生き、高貴な精神と高貴な血とは同一視される。血の神秘主義であり、血の浪漫主義であり、現実的にはユダヤ人排斥である。我々はもはや地の神秘主義、風土の浪漫主義に立ち入る必要がないであろう。

三

我々は現代の浪漫主義の第二の特徴へ移ろう。それは創造の哲学ということであったが、創造の哲学と云えば今日誰も先《ま》ずベルグソンを想い起す。そのようにベルグソン哲学の影響は広く、特にこの哲学は現代の浪漫主義と深く交渉している。創造という語はそれ自身何か浪漫的に聞こえる、けれども創造の哲学が一般に浪漫主義であるのでなく、また私の考えでは浪漫的な創造の哲学とは区別されるような創造の哲学が今日重要な問題である。創造の哲学が浪漫主義的であるのは、それが自然哲学或《あるい》は自然神秘説と結合している限りにおいてであり、更《さら》にそれが内在論的立場に立っている限りにおいてである。とりわけ後の点は決定的に重要である。

ベルグソンの思想は、代表的な浪漫主義者で自然哲学者であったシェリングの思想と種々の点で類似しており、一時彼はシェリングの剽窃者と悪口されたこともある。現代フランスにおける自由論、偶然論は、ラヴェッソンの『習慣論』、ラシュリエの『帰納法の基礎』、ブトルウの『自然法則の偶然性』からベルグソンへと連続的につらなっているが、そのすべてが自然哲学的考察と結び付いていることは注目に値すべく、そして、この系列の初めにあるラヴェッソンの如きもシェリングの最も熱心な崇拝者であった。もとよりベルグソンの創造的進化の哲学は単なる自然哲学でなくて、同時に意識哲学であり、寧《むし》ろ自然と意識とを連続的に考えるところにその浪漫的色彩がある。この哲学は単にその反主知主義、反機械論においてのみでなく、特にその時間論において浪漫的である。ベルグソンによれば、生命の創造的過程そのものの原型は純粋持続である。その一々の瞬間は個々異質的で、相互に滲透して流動する。この流動の連続は諸々の状態の一継起と見られるが、真実を云うと、それらのものは、私が既に通り越してしまってからその足跡を見るために振返ったとき初めて、多数の状態を組立てていると見られ得るのみである。私が体験している間にあっては、それらのものは、何処《どこ》でその或《あ》る一つが終り、何処《どこ》で他の一つが始まるとも云い得ぬほど緊密に有機的に結合しており、一の共通の生によって深く生かされている。すべては相互に融合して進展する。然《しか》るに我々の知性はかかる異質的滲透的連続的発展を捉える手段でない。知性は同質性と反覆とを目差し、並置と空間化とを仕事とするものであって、このようなことは我々が行動し生産するためには欠き得ぬ条件であるけれども、それだけ実在の認識にとっては不十分で、不完全である。実在はただ直観によってのみ知られることができる。直観は知的同感であり、これによって我々は物の独特で概念的に表現し能《あた》わぬものと直接に合一せんがために、その物の内部に身を運び込み、かくて内からそれを捉え得る。運動は分ち得ぬ全体であって、そこでは出発点も到着点も問題となることができぬ。ひとは未来に就《つ》いて過去に類似せるもの若《も》しくは過去の諸要素に類似せる諸要素をもって再び組立て得るもののほか先見することができぬ。その各々の瞬間が独創的な全体的流動的過程にあってはすべての予知が拒まれている。

我々は無限の流動、時間に対する感覚が従来の浪漫主義においても特徴的なものであり、その抒情性の主なる根源であったことを知っている。「すべての方法はリズムである、リズムを支配することは世界を支配することである。各人は彼の個性的なリズムをもっている。代数は詩である。リズムの感覚は天才である。」とノヴァーリスは云った。彼にとってはリズムが世界法則であった。「真の詩を読みまた聴くとき、我々は自然の内的悟性が動いているのを感じる。自然研究家と詩人とは同一の言葉をもっている。」ところでベルグソンの哲学について云えば、それは生物進化論などと結び付いて客観的に見えるに拘らず、その本質は、メーヌ・ド・ビランなどにも通ずる内面性の哲学である。創造的進化の面目に真に接し得る場面は我々の内面生活にほかならない。客観的な実践は生の周辺へ押しやられて直観もしくは知的同感がその中心におかれ、かくして実践よりも直観が実在に、生命の内奥に合致すると考えられる。そこに現実からの退却の重要な一歩がある。生命は創造的なもの、飛躍的なものとして何等か行為的なものであるにしても、その行為は本質的に内面的なものにとどまっている。惟うにベルグソンのような内在論の立場において行為というものを基礎付けることは不可能である。そしてもし行為を真に基礎付けることが出来ないならば、如何《いか》にして創造を真に基礎付けることができるであろうか。ベルグソンは「真の経験論が真の形而上学である」と云っている。彼はすべて出来合いの概念で物を考えること、既製品で間に合わすことを排斥し、それぞれの物の身に合った見方をすることを要求した。このような思想は全く正しく、そしてあらゆる種類の公式主義乃至《ないし》形式論に向って投げ掛けらるべきものであり、またペギがベルグソン哲学に関する評論の中で、「しなやかな方法、しなやかな論理、しなやかな道徳は、最も目が詰んでいるから、最も厳しい。」と云った言葉にはまことに深いものがあるにしても、ベルグソニズムにはまた浪漫的非現実性の要素が含まれていることも争われないのである。

もとよりベルグソンの哲学は伝統主義、保守主義とは正反対のものですらあるであろう。それは寧《むし》ろ新しい自由主義やヒューマニズムの種々なる要素を含んでいる。ベルグソンは家族、国家等を「閉じた社会」と見、これに対して「開いた社会」として人類を考えた。そして閉じたものをどれほど大きくしても開いたものとはならぬように、両者の間には有限と無限、静止と運動との間におけるが如き相違があり、この距離はただ飛躍によってのみ越えることができると云っている。然《しか》しながら彼のいう人類もしくは開いた社会の概念には神秘的なところがあり、現実の歴史の原理となり難い。ベルグソンには歴史哲学がない。彼の創造の哲学が社会的行動の原理に適用されたとき、ソレルのサンジカリズムの如き革命的浪漫主義ともなったが、然《しか》るにそのソレルの後裔の一人としてムッソリニも出て来たのである。ベルグソンの哲学は創造を説くにも拘らずその内的本質において行為の哲学であるよりも認識の哲学であることは既に触れたが、そこからまた他面ベルグソニズムが現実逃避の傾向を取るということも生ずるのであって、かかる逃避的傾向は多かれ少かれ浪漫主義に絶えず附随している。その浪漫的な自然の概念によって社会の革新のために戦ったルソーは同時に「孤独なる散歩者の夢想」に耽る内向的自我主義者でもあったのである。ルソーの近代思潮にとっての意義は彼が不安の諸相を最初に指摘したことである、とラヴリンは云っている（賚金吉訳『ロマン主義心情』）。

四

今や我々は第三の点に到達した。我々は先《ま》ずラヴリンの言葉を借りて語ろう。「根拠を欠ける不安は、経済界が混乱し、社会制度の崩壊する時代に伴う必然的な現象である。このような不安の時代には常に、いずれの階級にも社会にも有機的に所属していない人間がいる。これらの人々は、実生活の激しい闘争に弱くて堪えられないためにか、或《あるい》は新しい環境に適応し得ないためにか、自己の周囲の情勢を許容することができない。彼等の趣味や理想はあまり高くて満足され得ない。実生活に堪えられないとか、環境に適応し得ないとかの場合では、大抵反抗することは殆《ほとん》どないのが普通で、現実生活に欠けた部分をみたすために、何か空想的な、感情的な代用物を求め、その代用物によって麻酔剤とか美しい白昼夢に耽ると同様な意味の満足を得ようとする。然《しか》し自己の趣味や要求が甚だ高いものである場合には必ずしも弱者とは限らない。寧《むし》ろ非常に強くさえあって、ただこの場合、強さそれ自身が却《かえ》って最大の危険となる恐れがある。というわけは、強さが現実生活に適当な疏通口がないために、現実と調和せんがために無駄な探求に勢力を費すか、或《あるい》は人生に背を向けて、全く否定的態度をとるに至るかである。もし環境が違っていたならば、偉大な構成力ともなるべきものが、この場合自己の不安に関して、大胆不敵な挑戦的態度をとるか、復讐的態度になるかである。従って、この種の人にとっては、唯一の真剣な生活は、失望の強さに、破壊的狂暴の激しさに、是認し難い現実の単調に拮抗する主観的な理想とか空想の熱烈さにおいてのみ可能なことになる。全体としての人生と有機的な接触を欠くために自己自身の上に還ってき、爾余の世界と自我の価値とを対立させねばならなくなる。その自我は更《さら》に膨脹して、所謂《いわゆる》巨人的となり、超人的次元にまで進み、遂《つい》には現実生活は甚だ低劣な存在で、高き自己と低き現実との間には如何《いか》なる協定も到底不可能であると確信するようになる。かくの如くにして、自己の根拠を欠き不安なることは、彼が自己を偉大なりと空想する偉大さの証拠になると自身には見えて来る。然《しか》しながらこの場合の自我主義は、自己の自我がやがては木端微塵に粉砕されはしないかと密かに危惧する者のそれである。」浪漫主義の社会的根拠も、その階級的即《すなわ》ち知識階級的性質も、それが現実に対する関係も、この文章によってよく説明されている。

我々は浪漫的アイロニイという話の意味を少し拡張しさえすればこのような心的現象を一括することができるであろう。我々はキェルケゴールに従って、「アイロニイは主観性の最初の、最も抽象的な規定である」と云うことができる。このキェルケゴール自身は自己に性格的な浪漫主義を克服しようとして苦闘した思想家であった。アイロニイはまた否定性である。しかもそれは無限である、なぜならそれは此《こ》のもしくは彼《か》の現象を否定するのでないから。それは絶対的である、なぜならアイロニイがその力において否定するものは実は存在せぬより高いものであるから。アイロニイは無を建てる、なぜなら建てらるべきものはその背後にあるのであるから。またアイロニイにおいて主観は消極的に自由である、なぜなら主観に内容を与うべき現実はそこにないのであるから。主観は与えられた現実がそのうちに主観を縛る束縛から自由である。主観は消極的に自由であって、かようなものとして浮動的である。このような自由、このような浮動が人々に或《あ》る感激を与える、なぜなら彼等はいわば無限の可能性に酔っているのであるから。かくの如くキェルケゴールはアイロニイの概念を説明している。云うまでもなく、現代の浪漫的アイロニイはもはや単に夢想的でなく、虚無的であり、従って悲劇的であることが屢々《しばしば》である。それは自己のうちにおける可能性を虚無として感ずる。この虚無はまた単に無限の豊富さを意味するのでなく、却《かえ》って同時に自己の生の根本的な窮迫として感ぜられるのである。かかる浪漫主義は主観主義としてのみでなく、また特にその否定性によって特徴付けられなければならぬ。その虚無のうちには創造への要求が含まれている。限りなき窮迫にして同時に限りなき豊富さであるところに、この虚無のデモーニッシュな性質がある。浪漫主義がこのような虚無に憑かれるや否や、そのアイロニイが根本的に変質し、浪漫主義は自己克服の道を、しかも自己の立つ原理の内部で、辿ろうとする。このとき浪漫主義は本質的に悲劇的である。

さてこれまで述べて来たところを顧みるとき、ニーチェが現代の最も典型的な浪漫主義者であることを我々は容易に知り得るであろう。自然神秘説、創造の哲学、浪漫的アイロニイ、虚無主義、等々の諸要素は彼において極めて独特な、しかしまた解き難い複雑さにおいて結合されている。我々はここで浪漫主義に就《つ》いて詳細に批評することができない。浪漫的なものが人間の本性のうちに、もとよりその全部ではないが、深く根差していることは認められねばならぬ。その主観主義と雖《いえど》も全く虚妄なものでないことは明かである。主観性なくして人間はなく、内的世界がひとつの世界として開示されるということは人間存在の特権であるとすら云い得るであろう。浪漫主義がリアリズムと如何《いか》に結び付くかは、リアリズムの定義の仕方によって変って来ることである。それにも拘らず我々が単なる浪漫主義にとどまり得ないことは、右の説述の仕方のうちに簡単ながら示されて来たことと思う。

自由主義以後

最近、美濃部学説問題を一契機として自由主義の再検討が行われている。そして「没落自由主義」などと云われる如く、自由主義は無力であり、やがて没落して行くべきものであるというのが、一般の意見のようである。然《しか》しながら今日、自由主義の問題はそれほど単純でなく、その複雑な意味を分析することが問題の正当な取扱いのために必要であろうと思う。

我々は先《ま》ず「自由主義の二世代」とも云うべきものを区別しなければならぬ。その一つは、ことわるまでもなく、近代社会の支配的な原理であった自由主義即ちブルジョリ自由主義である。これは年齢から云って、比較的古い世代に属する自由主義者によって代表されているのが通例である。然《しか》るに比較的若い世代、特に若い世代のインテリゲンチャのうちにおける自由主義は単純にこれと同一視し得ないものがある。新世代の自由主義は決してブルジョワ自由主義をそのまま認めるのでなく、種々の点でそれに反対している。この自由主義と古い自由主義との間には、普通その担い手についても世代の相違があるように、性質上の相違がある。両者を同じに見、自由主義と云えばブルジョワ自由主義であるとして概括論を行うことは、今日の実情に即したものと云い難いであろう。我々の関心するのは、資本主義社会の「古典的な」自由主義でなく、寧《むし》ろいわば「自由主義以後の自由主義」である。

没落自由主義と云われる場合、それの華かであった時代の存在したことを予想しての言葉である。かく云われ得る自由主義は、もちろんブルジョワ自由主義にほかならず、事実、それは没落すべき性質のものであろう。然《しか》るに新世代の自由主義はそのような想い出を有することなく、そのような過去に束縛されることを要しない自由主義である。特に我が国においては従来ブルジョワ自由主義も十分に開花しなかった。このことは、一方、新世代の自由主義がブルジョワ自由主義の伝統に圧倒されずに新しいものとして成立するために好都合な事情であると共に、他方、それがもとより自由主義と云われる以上ブルジョワ自由主義の一定の要素を継承する限りにおいてもなお、我が国の文化発展に対して重ねて特殊な意味を有することを語るものである。

確かに自由主義は現在無力である。然《しか》しそれが無力であるからと云って、何でも社会的に強力なものに従うという態度こそ自由主義の排斥するものである。自由主義に対する批判において、それは無力であるから無価値であるというような考え方が知らず識らず前提されている。これは現代の政治主義的な見方に伴う危険であって、とりわけ封建的な事大主義の残っている我が国では警戒を要することである。真理は永久に無力である筈はないが、然《しか》し必ずしもつねに有力であるわけではない。現在有力なのは国家主義であろう。然《しか》るに世界の各国が凡《すべ》て国家主義を主張し、国家主義が世界的になるに従って、自由主義は寧《むし》ろ新しい展望を得るのである。自由主義は相対立するマルキシズムとファシズムほど有力でないが、然《しか》し両者の対立が激しくなるに従って自由主義は却《かえ》って新しい意義を得るのである。それでは新世代の自由主義とは如何《いか》なるものであろうか。

新世代の自由主義は現在主としてインテリゲンチャのものである。事実、現在自由主義が問題にされるとき、たいていの場合、知識階級の問題と関聯させて論ぜられているが、そのことはこの自由主義が単なるブルジョワ自由主義と同一視され得ないことを示している。自由主義について論ずる場合、この問題を知識階級の問題と結び付けながら、この自由主義がブルジョワ自由主義と同じものであるかのように議論するのは、自己矛盾であると云わねばならぬ。

インテリゲンチャの特性がそのインテリジェンスに、知識人の特性がその知識にあることは明かである。そして知識の特性はその国際性にある。ラスキは云っている、「近代科学は世界市場を意味する、世界市場は世界的相互依存を意味する、世界的相互依存は世界的政治を意味する。この恐しい三段論法の諸帰結の上に行動することが我々の安全にとっての唯一の道である。」単に知識そのものが国際的であるのみでない、かかる知識にもとづく技術、かかる技術にもとづく交通、生産等の諸関係も、国際的な性質を有し、国際的関係を密接にすることに役立っている。ひとは「政治的」事件の喧噪に心を奪われて、科学や技術が世界歴史における如何《いか》に大なる勢力であるかを忘れてはならない。電気の発見はアンペールから我々に至るまでに起った一切の政治的事件よりも重大な帰結を有する、とヴァレリイも書いている。

尤《もっと》も、自然科学や技術とは異って、文芸、哲学等は、国民的色彩を一層濃厚に有することは争われない。けれどもこのことは、単に国民主義に動機を与え得るものでなく、また自由主義の動機となり得るものである。なぜなら、そのような文芸や哲学にも国際的なところがあるということは別にしても、それらは単に国民的なものでなく、又《また》個人的色彩を濃厚に有する性質のものであるからである。

なお知識の国際性は我が国のインテリゲンチャの場合、特殊な意義をもっている。現代日本の社会及び文化の重要な基礎をなしている科学は、もとより日本伝来のものでなく、西洋から輸入されたものである。単にそれに留らない。我々の生活や意識においてこのように西洋流の科学や文化が大きな位置を占めるようになった以後は、我々の文芸や哲学の如きものに関しても、日本の伝統的なものに満足できなくなり、西洋的な乃至《ないし》科学的な思想や様式の取り入れられることが要求されるに至るのは自然である。このようなことは、日本主義者の云う如く、決して単なる西洋崇拝によるのでなく、我々の生活、交通、生産等の仕方が我々の経験する通り西洋化しているということにもとづく現実的な要求に由来するのである。

このような事情は、我が国においては自由主義の伝統の強力でないに拘らず、知識人に自由主義的傾向を与えている。もちろん、ただそのことからだけでは新世代の自由主義を説明することはできないが、然《しか》しまた知識の有する批判的性質を離れてこの自由主義は考えられない。この自由主義はファシズムに対してはもとより、ブルジョワ自由主義に対しても、マルキシズムに対しても批判の自由を要求する。それでは批判の立場は如何《いか》なるものであり、知識人の階級的性質と如何《いか》に関係し、如何《いか》なる将来を有するであろうか。

そのような自由主義は知識階級のイデオロギーであると云われるであろう。そして知識階級は中間階級であり、やがて没落すべきものであるから、そのイデオロギーたる自由主義も没落するのほかないと云われるであろう。知識人が自由主義を抱き得るのは、ブルジョワジーになお自由主義の有し得る余地のある限りにおいてであると考えられるであろう。然《しか》しながら知識人が自由主義的であるのは、単に彼等が中間階級であるという故のみでなく、知的活動そのものが本性上自由主義的なところを有するためである。そのことは今日、同じ小ブルジョワ階級の中でも知識人以外の層がファッショ化の傾向を現わしているに拘らず、知識人が、また同じ知識階級の中でも文芸家、学者、ジャーナリスト、学生等、知的活動の活潑な層に比較的自由主義者が多いという事実によっても示されている。知識人の自由主義には単にその階級の中間性からのみ導いて来ることのできぬものがある。人間の知的な、文化的な活動をしてその機能を十分に発揮せしめるためには自由が認められねばならず、そのことがまた歴史の発展、その意義の実現のためにも必要である。新世代の自由主義は単なる文化主義に立脚するものではないが、凡《すべ》てを政治に従属させようとする政治主義に賛成することができない。或《ある》いは寧《むし》ろ、そのような政治主義の欠陥の経験と観察とからこの自由主義は生れたのである。

もちろん知識はその所有者の社会的規定に制約されるが、単にそれのみでなく、自己を客観的に、批判的に眺め、かくて自己をも否定することができる。人間が解放を要求するのも、人間の本質に自由が属するからであり、そして自由は否定の契機を除いて考えられない。人間性のうちに自由を認めない自由主義はなく、そのような人間性の把握において、新世代の自由主義は、ブルジョワ自由主義の合理主義とも、またマルクス主義とも同じでない。この自由主義者は広義においてヒューマニストであると云うことができるであろう。然《しか》し彼等は以前のヒューマニズムの個人主義や合理主義に、人間中心主義にすら反対するであろう。もちろん、彼等はヒューマニストとして圧迫された人間の解放の協力者たろうと欲するのでなければならぬ。

自由主義者の個人的な要求も社会的な要求も、マルクス主義によるのでなければ決して充足され得ない、とマルクス主義者は云う。よしその通りであるとしても、自由主義者は彼等自身であることをやめないであろう。単なる統一でなく、多様の統一が統一をして豊富ならしめ、生命あらしめる。自由主義はマルクス主義に対しても批判の自由を要求する。

批判の自由がなければ人間を動物から区別するものと云われる知的活動の意義は十分に発揮されず、公式化、独断化、固定化は進歩発展に有害である。その発展がマルクス主義内部におけるものであるにしても、それは丁度《ちょうど》カントから出たドイツにおける自由の哲学がヘーゲルにまで発展したというような意味における根本的な変化を含むものであろう。新世代の自由主義はこのように歴史的立場を最も重要視することにおいてブルジョワ自由主義と異っている。それはなお体系として存しないが、このことをもって直ちにそれの無意味無価値を考えるのは、既に体系的独断論の偏見にとらわれたものにほかならぬ。現在自由主義が左右両翼から否定されていることは、やがて否定の否定としての自由主義への道を示している。

最近の哲学的問題

日本主義の哲学

最近の哲学的問題と云っても、専門的なものでなく一般的関心の対象となっているものを二三取り上げて、そこに如何《いか》なる問題が含まれるかを指摘してみようと思う。

この頃「日本主義の哲学」という語が広く用いられるようになったが、この語が学問的に何を意味するかは、そのような哲学の主張者自身に於《お》ても明確に規定されていないようである。日本精神とか日本主義とかは論議を許さぬ信仰の対象であると云ってしまえばそれまでであるが、しかし他方人間には自分の信仰にも理論的基礎を与えようとする根本的な要求がある。歴史的に成立せる一定の信条を動かすことのできぬ真理として前提し、その立場から理論化を行う学問は、学問分類上においては哲学でなくて神学である。いわゆる日本主義の哲学は果して真に「哲学」であろうと欲するのか、それとも「神学」であるのか。「日本主義の哲学」の著者松永材氏を初め日本主義の哲学者をもって任ずる人々は、この簡単な、出発点における最初の方法論的問題についてすら反省を与えず、従って自己の意図を学問的に十分に自覚していないように思われる。

日本主義の哲学は、それが神学でなく真に哲学であるとすれば、国民主義乃至《ないし》国家主義の哲学にほかならぬことになると云われるであろう。しかるに国民主義の哲学は哲学としては単に日本主義のみでなくドイツ主義をも支那主義をも基礎付け得るものである。それ故に批判者が日本主義の哲学をファッシズム哲学一般の中に入れることも理由のないことでない。もしその内部で日本主義の独自性が哲学的に主張されるとしても、同じ哲学的根拠からドイツ主義や支那主義のそれぞれの独自性も基礎付けられる筈である。哲学とはそのようなものであることを日本主義の哲学者も認めなければならぬ。

だからまた私は日本主義の哲学者に対して、その多くが日本主義を基礎付けるにあたり、理論的根拠を何等かの西洋哲学に、或《あるい》はヘーゲル、或《あるい》はシュパンやカール・シュミット、或《あるい》は新カント主義にさえ仰いでいるという事実を強《し》いて非難しようとは思わない。寧《むし》ろ私はそれらの人々がそのような西洋の哲学の理解において日本主義者以外の人々に比《ひ》してかなり粗末であるということを遺憾に思う。特に遺憾に感ずることは、そのような国民主義の哲学が世界において日本で最初に唱えられなかったということである。もし日本が最初であったのなら、その場合にはこれこそ日本の哲学、或《あるい》は欲するならば、日本主義の哲学であるとして全世界に向って我々も一緒に誇ったであろう。

ところでまたもし日本主義の哲学ということが日本歴史を深く究めてそのなかから哲学的なものを組織して来るということであるとすれば、それはまことに結構なことだ。しかし現在の日本主義の哲学者はそのような日本の理解においてすら多くは旧《ふる》い常識の範囲を脱していない。彼等の理解は局部的であり、その局部的なものについても相互に一致があるわけでない。我々も日本文化の根本的性格について知ろうとする熱意を有するものであるが、ただそれは哲学的構成によってでなく忍耐ある歴史的研究によって知られることである。そしてまたこのような場合においても、日本主義の哲学が真に哲学として成立するならば、それはもはや単に日本的なものでなく普遍的な、世界的意義を有するものである筈である。我々はもとより哲学の普遍性を抽象的に考えてその国民的性格を無視しようとは思わない。しかし日本人がほんとに考え抜いて出来たものであるならば、どのような哲学にも、日本的なものが現われる筈である。日本主義などと云わない人々が、真に世界的意義あり、将来性のある「日本の哲学」を作ることになるであろう。

全体主義の論理

日本主義の基礎付けの理論として屢々《しばしば》持ち出されるのは全体主義である。林癸未夫氏、藤澤親雄氏、鹿子木員信氏など、いずれも全体主義の理論を何等か用いられている。云うまでもなく全体主義は日本主義者の初めて考え出したものでなく、既にヘーゲル、アダム・ミューラーその他のドイツ浪漫主義者の政治思想のうちに現われ、更《さら》に溯って古代のアリストテレス、中世のカソリシズムの政治思想なども全体主義的である。全体主義が現在ナチス・ドイツの、またイタリア・ファッシズムの御用哲学となっていることは周知の通りである。

このように全体主義の哲学は西洋のものであるが、鹿子木氏の如き日本主義者は、それをもって日本主義を基礎付けるにあたり、全体主義は諸外国においては空想的なものであるに反し、日本においてのみはそれが現実である、日本は全体主義を実現した或《あるい》は実現し得る唯一の国である、と主張するのである。

およそこの種の論法は日本主義の哲学者によって好んで用いられるところである。例えば松永材氏は論ずる。忠義や愛国心は日本人の独占とは云えぬ。日本の歴史とても決して忠臣義士のみをもっておらぬ。しかし歴史上の事実に立脚する哲学は内在主義であり、内在主義は相対主義に陥るのほかない。そこでこれを征服するためにいろいろの超越主義が提唱されて来た。「ヘーゲルが絶対精神を考えたのも、リッケルトが超歴史的価値を立てたのも皆その一例である。しかも世界史の示した凡《すべ》ての超越主義は結局彼岸的のものであって空想的であった。ただ日本主義においてのみ歴史過程を通じてまた歴史過程のうちに超歴史的要素が見出される。」

そもそも全体主義は外国では古い歴史を有する思想であるが、それが外国では空想的なものであって、日本でのみ実現されるとすれば、日本は「外国思想実現の地」ということになるのであろうか。むかし日本は「大乗相応の地」と云われたことがある。それはもちろん仏教尊重の立場において云われたことであるが、日本が全体主義相応の地であるとすれば、外国思想排斥を日本主義者が叫ぶのは可笑《おか》しなわけである。

またヘーゲルにしても、彼が哲学的に構成した「国家」（それは全体主義的である）が現実にプロイセン国家において実現されていると晩年には考えたのである。全体主義の理論的源泉であるドイツ浪漫主義は、同時にドイツ歴史学派の源流であるように、歴史を重んずるということを特色とし、従ってその全体主義を決して単なる規範もしくは当為として立てたのではない。その歴史主義は寧《むし》ろ松永氏の云われる内在主義的立場に立つものである。いな、全体主義はその論理的構造において内在論的であることを根本的特徴としているのである。

そして全体主義思想が世界の何処《どこ》で最もよく実現されているかという問題は、もとより先験的に定められ得ることでなく、その決定は歴史的研究に俟たねばならぬ。そして歴史的研究によれば、中世的封建的社会は全体主義的であって、従って日本が全体主義的思想の現実の地盤を特にすぐれて有するとすれば、それは日本の社会のうちになお封建的遺制が外国よりもより多く存するためではないか、というようなことを考えてみなければならぬ。

全体主義思想の含む種々なる論理的難点を度外視しても、今日では全体と云わるべきものは単に個々の国家のみでなく、更《さら》に「世界」が次第に一全体としての現実的意味を有するに至りつつあるのである。これが人類歴史の発展の示している方向である。全体主義即ち国民主義ということはそれ故今日「血と地」というが如き自然神秘説の上に主張されていることは、ナチスの人種政策において見られる如くである。

能動感覚論その他

最近私は酒井市郎氏の新著『能動感覚論』というものを一読した。著者も日本主義者であるらしいが、間に合わせの日本主義者と違い真面目に研究して行こうとする態度には敬服すべきものがある。この書は酒井氏が二十年の思索の結果初めて達し得た思想であるということである。ただこの書物の後の部分に述べられている機関説排撃を含めての日本精神論と、この書物の主なる内容をなす能動感覚論との結合はやや唐突に過ぎ、その間に如《い》何《か》なる内面的関係が存するのか、我々には十分納得できない。両者が結び付くものとすれば、もっと綿密な論証が必要であろう。

しかし酒井氏が取扱っておられる感覚の客観性もしくは実在性の問題、感覚の能動性の問題、所謂《いわゆる》実在論理の問題等は、日本主義との関係は別にしても、哲学一般の問題として興味があり、また重要でもある。それらの問題に着眼して独自の展開に努めていることは確かにこの書の功績と云ってよい。近頃文学の方面で論ぜられて来た能動主義論乃至《ないし》行動的ヒューマニズム論なども、感覚の能動性の問題にまで思想を深めて行く必要があるであろう。従来の哲学では感覚は受動的なものと見られ、受容性の原理と考えられた。しかし現代の哲学においては感覚を能動的なものと見る傾向が次第に現われている。弁証法的唯物論にしても、或《あるい》はアメリカの所謂《いわゆる》行動心理学を新たに発展させようとする心理学その他にしても、それぞれの立場それぞれの仕方でかくの如き傾向に属するものと考え得るであろう。酒井氏の研究はもちろんそれらとは異る独得のものであり、個々の点については疑問がなくはないにしても、注目すべき努力を示している。ただしかし酒井氏の場合、感覚の客観性及び能動性を究明するにあたり行為の立場の考慮及び攻究がなお不十分であることとも関聯して、その所謂《いわゆる》実在論も結果においてはマッハやアヴェナリウスの経験批判論に、もしくはイギリスの新実在論に近いものがあるように思われ、異る特色をもちながらやはりそれらと同様の性質の長所と同時に欠陥をも具えているように考えられる。

既に述べた如く、この能動的感覚論にしてもそれと日本主義との結び付きは明瞭でない。いったい日本主義とか日本精神とかいうが如き問題を哲学的に論じようとするならば、どうしても歴史的存在の論理を把握してかかることが必要である。しかるに一般に日本主義者はこの点についての研究が甚だ足りないのではないか。そして歴史的存在の論理が明かにされるとき、同時に所謂《いわゆる》日本主義の狭隘性や独断性は克服されるであろうと信じる。

一国文化の特殊の基礎をその国の風土に求めるという見方は新しいものではないが和辻哲郎氏の近年の研究はその観察、その方法の新しさにおいて特に注目すべきものである。

人間及びその文化が風土によって規定されることは争われない。けれども人間が自然的環境に働きかけてこれを変化する方面のあること、そしてかく働きかける仕方そのものも自然的環境の特殊性によって規定されることがあるにしても、その近代的方法として発達した科学や技術は普遍的なものであるということ、生産及び交通の発達は人間生活に対する自然的環境の意味を次第に変化せしめつつあるということが注意されねばならぬ。人間にとって環境であるのは自然的環境のみでなく、社会的及び文化的環境が存在し、そして後の要素が歴史の発展に伴ってより多くの重要性を得て来るということが忘れられてはならぬ。風土的制約の限界、特にその歴史性を無視した風土史観もしくは地理的決定論に陥らないことが大切である。

非合理主義的傾向について

一

最近の哲学の著しい特徴として非合理主義的傾向を挙げることができる。それは、この傾向に反対する者、賛同する者、共に認めるところである。『唯物論研究』八月号に飜訳紹介された「ブルジョワ哲学の危機と弁証法的唯物論」というマルクス主義的論文は、反対者の立場を示している。そこでは観念論の最近の段階に一般的特質として非合理主義を摘発し、かかる非合理主義はブルジョワジーがプロレタリアートとの闘争において自己の世界観における合理的認識の最後の残滓をも清算すべく余儀なくされるに至ったことを現わすものであると批評している。一切の形態の思考はブルジョワジーの支配にとって危険なもの、資本家の利益と矛盾するものとなり、そこから叡智、理性、合理的認識に対するブルジョワ哲学者の熱烈な抗議が生じ、これらのものは駆逐され追放されて、神秘的に理解された生、意志、直観の原理によって——一口で云えば非合理主義によって代られねばならぬことになるというのである。かくの如き見方に対して、他の立場の人々は、合理主義こそ却《かえ》ってブルジョワ社会の原理であり、この社会の成立を規定した啓蒙思潮（アウフクレールング）は合理主義であったが、このような合理主義の克服は新時代の哲学の任務でなければならぬと主張している。この見解は主として、ファッシストに限らず広くドイツの哲学者によって以前から唱えられて来た、いわば特殊的、ドイツ的見解とも称し得るものであって、ドイツ哲学の圧倒的な影響のもとに我が国の哲学研究者の間でも屢々《しばしば》無雑作に継承されているものである。

合理主義非合理主義と云っても種々の意味があり、またその問題は古来哲学上の人問題であって、固より簡単に片付けることができぬ。しかしここで一般論が私の問題であるのでない。私はただこの問題に関聯する二三の点について感想風に述べようとするに過ぎない。右に挙げたマルクス主義者の論文においては、問題があまりに単純化されている。そこには丁度《ちょうど》、嘗て《かつ》リッカートが彼の論理主義の立場から広い意味での「生の哲学」の直観主義、非合理主義を批評した場合を想い起させるような単純化が見られる。もちろん最近の哲学に現われた非合理主義的傾向のうちに末期的徴候を有するものが多く存在することは否定できず、それに対してマルクス主義が抗争することは全く正当である。然《しか》らば、マルクス主義は合理主義かと云えば、合理主義であると単純に答えることはできないであろう。この頃中河與一氏らの偶然論に関する論議においても、マルクス主義者は偶然を絶対に認めないのでなく、寧《むし》ろ偶然と必然との弁証法を主張したのであるとすれば、既に非合理的なものに或《あ》る位置を与えたことになるであろう。他方また、合理主義は過去の哲学であり、非合理主義こそ新しい哲学の立場でなければならぬとする特殊的・ドイツ的見解にも我々は無雑作に同意し得ない。ドイツ哲学は伝統的に非合理主義的色彩が濃厚であって、ニイチェの如きも、あらゆるドイツ的哲学は浪漫主義的であると云ったことがある。ドイツ哲学の長所は認められねばならぬが、同時にこのような一般的性格のうちに含まれる欠陥を取り込まないように注意することは、あまりにドイツ的な日本の哲学の現状において特に大切であると思う。

いったい哲学が非合理主義的であることは或《あ》る意味では哲学の自殺である。哲学にして苟《いやしく》も学である限り、論理的思惟を放棄し得ない筈である。何等かの非合理的なものを認めるにしても、哲学はそれを論理的な仕方で示さなければならない。さもなければ、哲学は哲学であることをやめて、芸術か宗教かにならねばならぬであろう。ただ論理にも形式論理と弁証法というような区別があり、それに応じて合理性の考え方にも相違がある。もし合理性の規準として形式論理乃至《ないし》ヘーゲルのいわゆる悟性の立場しか認めないとすれば、弁証法も形而上学だと非難され、マルクス主義の如きも非合理主義だと批評されることになる。その意味において合理主義的であったのは寧《むし》ろあの啓蒙時代の哲学であって、今日かような意味の合理主義が排斥されねばならぬと云われるとすれば、理由のあることである。マックス・ウェーバーが明快に叙述した如く、市民社会の原理は簿記に現われているような合理性である。自由主義の思想がかかる意味における合理主義であるとすれば、それはもはや過去のものに属すると云われても致方がなかろう。哲学は論理を放棄し得ないが、その論理は飽《あ》くまで具体的な存在に適応した論理でなければならぬ。弁証法は形式論理に対してこのように具体的な論理であり、従ってまた新しい合理性である。それは、ヘーゲル的に云えば、悟性の立場よりも高次の理性の立場における合理性である。徹底した論理主義者は、思惟の内容そのものも思惟によって産出されると考える。もしこれが合理主義の典型であるならば、合理主義は観念論にほかならず、唯物論はまさにそれとは正反対のものでなければならぬ。思惟よりも存在、自然、物質を根源的なものとするところに唯物論はある。その限りにおいては、唯物論も合理主義に主要な制限をおくものと云わざるを得ない。然《しか》るに、この存在が飽《あ》くまで合理的な仕方で認識されるか否かについての見解の相違に従って合理主義非合理主義を区別する場合、マルクス主義は合理主義であると主張されるのである。けれども既に思惟の外に存在を考える以上、認識にとって感覚の如き直観的原理が欠くべからざる、重要なものとなる故に、この点においても唯物論は決して単純に合理主義であることができぬ。

合理主義に対する非合理主義は直観主義と規定され、直観主義が最近の科学の特徴として挙げられている。思惟と直観との関係も簡単に論じ難いが、両者を抽象的に分離するが如きは弁証法的な見方とは云い難いであろう。具体的な思惟はそれ自身のうちに直観的なところがあり、また真の直観はそれ自身のうちに思惟的なところがある。弁証法が悟性の立場よりも高次の立場であるということは、それが思惟と直観との統一の上に立っていることであると云ってもよく、このような思惟が実は現実的な思惟である。従ってニコライ・ハルトマンなどが弁証法の直観的性質について語るのも全く間違っているのでないが、さらばとて弁証法が非合理主義、単なる直観主義であるかのように語るのは間違いである。多くの非合理主義は却《かえ》って思惟と直観とを抽象的に分離して考えるところから生じている。両者を抽象的に分離すれば、思惟の能力が極めて局限されたものになるのは当然である。一般的に見て、ドイツ哲学においては、悟性と云い理性と云っても、しなやかさを持たず、型に嵌り筐に這入った形式的なもののように考えられがちである。然《しか》るに主知主義と云われるギリシア哲学においては、思惟そのものにもっと直観的なところがあった。主知的なギリシア哲学はまた極めて直観的な哲学であった。ギリシア的な思惟や直観はドイツ哲学においてよりも却《かえ》ってフランス哲学において継承されている。あれほど科学ということをやかましく云い、科学的ということを誇にして来たドイツ人が今日非合理主義のファッシズムの下にあるのは、社会的政治的事情は別にして、その思惟がしなやかさを持たぬ形式的なものであった欠陥を如実に示しているとも理解できる。ペギがベルグソン論の中で書いているように、しなやかな思惟ほど厳しい思惟はなく、しなやかな倫理ほど厳しい倫理はないのである。弁証法は具体的な思惟としてしなやかな思惟でなければならぬ。もちろん我々はそれから若干の法則を抽象して来ることはできる。然《しか》しそれが現実的に如何《いか》に弾力的なものでなければならぬかは、レーニンが実践的諸問題を論じた論文について見ても明かである。公式主義は弁証法とは反対のものである。公式主義即ち合理主義であるのではない。

フランスにはデカルト以来合理主義乃至《ないし》主知主義の根強い伝統がある。然《しか》るにフランス哲学における知性、悟性、思惟というものには直観的なところがある。またその直観というものにも極めて知的なところがあって、直観主義と称せられるベルグソンとドイツ流の生の哲学とを比較してみても、如何《いか》に前者が後者に比して主知的であるかが分ることである。実証科学と密接な関係を有することもフランス哲学の一特徴であって、その意味で科学的哲学と呼ばるべきは、哲学の科学性についてあのように沢山の論文を産出したドイツ哲学であるよりもフランス哲学である。ベルグソンの場合でも、彼が科学、特に生物学、生理学、病理学の豊富な知識を有するのは周知のことで、『物質と記憶』の準備をしたとき、彼は失語症に関する医学的文献を五ケ年間研究したとのことである。ルヌヴィエ以後フランスにおいて彼ほど大きな影響を与えたものはないと云われているが、その影響によって学生が実証科学を軽蔑するようになったという或《あ》る教師の報告をビネが発表したとき、ベルグソンは、自分は科学が形而上学に従属的であるなどと嘗《かつ》て考えたことも、教えたことも、書いたこともない、このように解釈し得る一行でも、一語でも、自分が書いたもののうちにあれば見せてくれるがよい、と激しい口調で答えた。幾何学や物理学も絶対者に達する、ただ物理的科学は生命や意識の問題を取扱うとき相対的になる、然《しか》しここでもなお、それは正当性を維持するのであって、ただその場合形而上学という他の種類の研究によって補われる必要があるのである、と彼は述べた。ベルグソンすらそうであるから、最近のドイツの反科学主義、反技術主義、非合理主義の哲学は、フランスでは、社会的政治的事情の相違によることも勿論《もちろん》だが、その哲学的伝統とも相容れないものがある。私がこのことを特別に述べるのは、今日ドイツ哲学において非合理主義的傾向が益々《ますます》著しくなりつつある機会に、日本の哲学も従来のドイツ依存の傾向について反省し、フランス哲学へ注意を向ける必要があろうと考えるからにほかならない。

尤《もっと》も、どのように科学に対する関心を示そうとも、それを理解する哲学的立場が観念論的、ブルジョワ的であるならば、要するに無意味であると唯物論者は主張する。これに対して自由主義者は、科学や哲学をつねにそのように階級性の見地から観察することは一の非合理主義に過ぎぬと云うであろう。必ずしもそうではない。唯物論者はイデオロギーの階級性そのものを科学的な合理的な仕方で証明し得ると信じているからである。然《しか》しながら他方、少くとも現在の状態においては、唯物論者と雖《いえど》も、自然科学その他の方面ではいわゆるブルジョワ科学者の研究成果に多く依存しなければならないのが事実であるように、哲学の方面でもなお多くのものをブルジョワ哲学者から学ぶべきではなかろうか。蓋《けだ》し哲学と雖《いえど》も、単にいわゆる「世界観」であるのでなく、また「科学」である。その世界観的なものにおいて同意し難い場合にあっても、その科学的内容においては学ぶべきものが含まれていることが少くない。クラーゲスがニイチェ研究の中で、骨のない一般性をもって織物を織ることは哲学的俗人のことであり、これとは反対に発見的な頭脳はつねに、彼が出るのを待っていたような少数の、寧《むし》ろ根本に於《お》ては唯一つの特殊問題の研究に身を捧げるものであって、この関係では哲学者も科学者と同じく特殊研究家である、と述べている、ことには真理がある。ライプニッと云えば、「予定調和」という合言葉で知られている、だがこの教説を除いても、無限概念についての彼の深い思索には永続的価値がある。ニイチェと云えば、「権力意志」という合言葉で通っている、然《しか》しこの教義を離れても、歴史的人類のあらゆる自己欺瞞の仮面を剝ぐ技術家としてのニイチェがある。そのように、今一律に非合理主義と貼札されている哲学のうちにも種々の発見を含むものがあるであろう。これを識別し判断して、将来の哲学のために役立てることも大切である。それが学問研究における合理主義である。学問の問題を標語や貼札で片付けようとするのは政治主義の陥り易い非合理主義である。そしてこのような非合理主義が現在ファッシズムにおいて圧倒的であることは云うまでもない。ファッシストは「文化闘争」の名のもとに、あらゆる非文化的な、非合理的なことを行いつつあるのである。

固《もと》より我々は合理主義というものを近代自由主義と同様に解するものでない。抽象的な形式論理に具体的な弁証法が代らねばならぬ。それのみでなく、合理性の基準とされるロゴスそのものを普通にいう論理の意味よりも広く理解することが要求されている。即ちロゴスを単に固有な意味におけるロジック（論理学）のロゴスに限らず、またフィロロジー（文献学）のロゴスに、レトリック（修辞学）のロゴスに等において明かにすることは、歴史的社会的存在が哲学の最も重要な問題となっている今日、特に必要であると思う。ロゴスは、もし論理という語を広く解するならば、論理は文献学や修辞学のうちにも含まれているのであって、このようにロゴス（言語、思考）の現象を包括的に研究することによって、具体的な論理と云われる弁証法の本質も明かにされ得るであろう。文献学のロゴスは現代哲学において「解釈学」（ヘルメノイティク）として取り出されるに至ったが、この解釈学の基礎となっている世界観はもちろんそのまま受け取ることはできないにしても、そのうちにはなお歴史的社会的存在の論理にとって貴重なものが含まれている。然《しか》しまた我々は文献学主義というが如きものに陥ってはならない。レトリックにしても単に言葉の美化の術でなく、人間存在の社会性に基づく思考の本質的な仕方を現わしている。ロゴスの広汎な現象を捉え、その相互証明もしくは相互批判を通じて、従来の論理学の型を越えた新しいロゴス学を組織することは、歴史的社会的存在の認識にとって必要なことでないかと考える。

二

現代の非合理主義を集中的に表現しているのはファッシズムである。ファッシズムに論理があるかと云えば、その論理としてともかく挙げられ得るのは全体性の論理くらいのものであろう。この全体性の論理にしても固《もと》よりファッシズム自身によって建設されたものでない。然《しか》るに全体と云っても実際には種々のものが考えられ、従って全体性の論理はカトリック的世界主義の論理ともなることができる。全体性の論理とファッシストの国民主義との結合は、それ故に、ただ自然神秘説もしくは生物学的非合理主義によってのみ可能である。そして全体性の論理から生物学的非合理主義への推移は、全体性の論理が有機体説にほかならぬことによって導かれる。血や人種に関する生物学が哲学的学科となり、しかもかかる生理学的なもの、自然的なものはつねに神秘化されている。自然神秘説は思想史の示すように、浪漫主義と結び付き、このものの重要な根源である。そして国民の歴史においても自然的なもの、原生的なものほど価値があるかの如く見られ、復古主義、伝統主義、等々が従って来る。また「精神」（ガイスト）よりも「心」（ゼーレ）が、自然と融合的なこの原理が重んぜられる。凡《すべ》てこのようなことは相互に関聯したことである。

各々の国民及びその文化がそれぞれ特殊な性格を有すること、そしてそのような性格的なものが根源的に自然的なものに基づくところがあることは、否定できない。人と人との結合の基礎にはつねにゼーレ的なもの、情意的なものが含まれている。また文化にしても、新カント派の文化哲学においていう文化価値の如き合理的なものからのみ理解することができず、そのうちには何等かゼーレ的意味がある。最近の非合理主義の哲学が特にその表現理論を通じてこのような点を明かにした限り、それは正しい。一般にそれは表現理論への寄与において注目すべきものをもっている。然《しか》しながら、それが国民形成の自然的条件のみを見て社会的条件を無視するとき、ゼーレ（心）とガイスト（精神）とを抽象的に対立させ、そしてガイストを敵視して反科学主義、反技術主義を唱えるとき、それは誤謬と反動とに陥る。国民も一の歴史的範疇であり、国民性にしても決して不変のものでない。現代社会の行詰りは、科学や技術の発達の結果ではなく、寧《むし》ろ反対に科学や技術の健全な発達を最近における国民主義の強調そのものが既に社会的条件によって規定されている。現代社会の行詰りは、科学や技術の発達の結果ではなく、寧ろ反対に科学や技術の健全な発達をも阻害しているこの社会の現実の組織にその原因を有する。このようにして、最近の非合理主義の哲学は資本主義社会の社会的危機のイデオロギー的表現にほかならないと見ることにも、正当な理由のあることである。だからまた上にフランス哲学の特徴として述べたものにしても、社会的情勢が変って来れば、十分変り得ることである。哲学的に云っても、ガイストとゼーレ、或《あるい》は寧《むし》ろ私のいうロゴスとパトスとを抽象的に分離することは間違っている。習慣はいわゆる「第二の自然」として或《あ》る自然的なもの、必然的なものを意味する。そしてメーヌ・ド・ビランを始めフランスの哲学者が明かにした如く、習慣は我々の道徳、芸術、思惟のうちにも深く喰い入っている。ところで石は千度繰り返して同じ方向に同じ速度で投げられても、そのことによって習慣を作らない。即ち単に必然的なものは習慣を作らない。自由なものにして初めて習慣を作ることができる。言い換えれば、習慣を作り得るものはまた習慣を破り得るものである。コンヴェンションと言われるものも同様である。コンヴェンションは単に合理的なものでなく、それを支えているのは何等かゼーレ的なものである。けれども他方コンヴェンションは知的産物である。人間が単に本能的であって知性を有しなかったならば、コンヴェンションは作られない、本能から解放され、知性の自由を得ることによって、人間はそれを作ることができる。然《しか》るに知性はまたコンヴェンションに対して批判的になり、絶えずそれを破壊し得るものである。これらのことから察知されるように、人間文化のうちにおいて伝統が重要な意味を有することは亦《また》認められねばならぬにしても、破壊され得ない伝統はまた伝統ですらあり得ないのである。

非合理主義は知性よりも感情や意志に優位を認める。ところが実を云えば、知情意を抽象的に分離し対立させることが屢々《しばしば》非合理主義に動機を与えている。カントの如きもテテンスの心理学から知情意の三分法を受け継ぎ、それに従って彼の体系を理論哲学、芸術哲学、道徳哲学の三部門に分類したと云われているが、かくの如き三分法は今日なお意識的無意識的に哲学を支配し、そこから知情意を抽象的に分離することが生じている。然《しか》しながら、道徳と云っても単に意志的なものでなく、芸術と云っても単に感情的なものでない。

知情意の三分法に類する哲学的心理学が先《ま》ず重要な訂正を受くべき場合である。人間のあらゆる意識は、我々の見解に依れば、ロゴス的意識とパトス的意識とから隈なく弁証法的に結合されたものである。芸術的直観そのものにも知的なところがなければならず、またアランなどの力説しているように技術、この知的なものを除いて芸術はなく、美も存しない。人間的発見の最高の法則は働くことにおいてのほか人間は発見しないということである。先《ま》ず職工でなければならぬ。天才は作品においてしか知られない。芸術には物質の抵抗を精神によって越えるための努力、厳密な技術的規則が要求される。思想においてばかりでなく、道徳においてすら技術が必要であろう。「思想は均衡と澄明である。真は合理的である。美は合理的である。凡《すべ》てのものにおいて、美と真とは良識の閃めきである。」とアランは書いている。良識とは抽象的な知性でなく、直観的な、行為的なものである。

我が国の国民主義も理知と合理性とを蔑視することにおいて外国のファッシズムと異らないが、ただそれが日本精神乃至《ないし》日本国民性の絶対的特殊性の名においてなされていることは注意すべきである。合理主義は物質文明の西洋のものであって、一切の西洋的なものと共に排斥されねばならぬと云われるのである。国民文化の伝統のうちに固有な意味での科学並びに科学的哲学を有しなかった過去の日本人が、西洋的な意味における合理主義を有しなかったということは事実であるとしても、そのために非合理主義が国民的特殊性として認められるであろうか。いったい合理主義の存しないところに固有な意味における非合理主義が存するであろうか。合理追求の烈しさのないところに非合理主義が生れるであろうか。私は寧《むし》ろ「実際的」ということが日本人のかなり重要な特徴であったと考えてよいのではないかと思う。実際的ということは非合理主義と同じでなく、却《かえ》って或《あ》る意味では徹底した合理主義である。だから最近の非合理主義的な国民主義の如きは日本精神の伝統に反するとも云い得るので、寧《むし》ろ西洋的な思想である。それも当然のことで、今日の日本の社会が西洋化しているからにほかならない。国民精神と云っても不変のものでなく、社会的条件の変化によって規定される方面の存することは明瞭である。ところで実際性は日常性と結び付いている。この日常性の尊重ということは東洋的な思想の一特徴であると見られることができる。そして一方日常的なものと歴史的なものと、他方自然と歴史という風に対置されるように、日常性と実際性の思想の根柢には特殊な自然の思想がある。そこから特殊な合理主義も出て来ると考えられるであろうが、然《しか》し日常性は単に合理的なもの、必然的なものでない。例えばコンヴェンションは日常性の重要な要素となっているが、コンヴェンションはまた人間の作る物のうち最も恣《し》意的なものである。挨拶するときに、帽子をとるとか、お辞儀をするとかということは、合理的必然的に定められたことであるよりも、偶然的なことであろう。しかもそれはコンヴェンションとなることによって社会の秩序を作るものとなっている。日常性は偶然と必然との交錯であり、従ってそれ自身歴史的なものである。歴史は単なる自由からは考えられ得ないように、単なる必然からも考えられ得ない。また日常的なものと歴史的なもの、より正確に云えば世界歴史的なものとは抽象的に対立するのでなく、弁証法的に関聯している。世界歴史も日常性によって支えられ、日常性も世界歴史が変化するに応じて変化するのである。然《しか》るに全体性の論理が国民主義の論理であるとすれば、国民主義は必然論乃至《ないし》決定論に終らざるを得ないであろう。この論理がけっきょく必然論であることは、ヘーゲルの弁証法が自己のうちに含む有機体説的もしくは全体主義的傾向によって決定論に陥ったという事実によっても示されている。しかも論理上の決定論は実践的には極端な非合理主義に動機を与え得るものである。また生物学的非合理主義は、まさに生物学的であることによって、如何《いか》に非合理主義であろうとも、要するに決定論もしくは宿命論である。シュペングラーの植物学的宿命論の如き、その一例である。これに反して、興味深く感じられることは、この頃問題になっているような偶然の思想は、却《かえ》って主知主義的、合理主義的と云われるフランス哲学において、ブトルーその他によって哲学の一系統として開拓されて来たということである。

人間の行為というものは決定論の立場からは理解できない。行為は行為の事実によって決定論を否定する。寧《むし》ろ必然的なものが偶然化されるところに行為はあるとも云える。然《しか》しまた逆に偶然的なものを必然化するところに行為はあるのである。「意欲するとは凡《すべ》てが語られているとは決して信じないことである。意欲するとはその機会を捉えることである、機会はそのものだけではなお機会でないこと、それは意欲によってのほか機会でないことを知るということである。私はつねに行為のことを云っているので、為《な》すことを除いて意欲することが何であるかを私は知らない。」行為は単に客観的な立場からは把握されず、主体的に把握されることが必要である。それ故にもし合理主義が客観主義を意味するならば、行為はつねに合理主義の立場を越えたものである。然《しか》るに合理的と客観的とを同じに考えるのは科学主義のことであって、我々はかような科学主義に留まり得ない。それだからと云って、行為は盲目的なものであり、盲目的なものでなければならぬと云うのでは決してない。行為にはアランのいう「悟性」の如きものが要求され、しかもこの悟性には直観的なところがある。真の行為は、アランの言葉を用いれば、メチエの保証によって可能である。ここにメチエというのは広い意味での技術にほかならない。人間の行為はつねに技術的なものであり、その限り知的なものでなければならぬ。ただこの場合技術は客観的知識の応用というが如きことに尽きるのでなく、また技術は技術として行為的であり、科学よりも直観的なところがあるであろう。今日我々にとって必要なことは、従来主として科学との聯関においてのみ考えられて来た技術という語の意味を拡大し、人間生活の広汎な現象の隅々にまで認められる技術的なものを観察することによって技術の哲学を研究することである。

悲劇を知らぬ国民

日本文学には悲劇がないと云われる。樗牛であったかが、世界的な悲劇文学と評した近松にしても、義理人情の世界を多く出でず、あまりに美しいロマンスとあまりに速かなあきらめとがあって、真に悲劇的であるかどうか、問題である。

悲劇を知らぬ日本人は楽天的だと云われる。この楽天性にどれほどの根拠と大きさとがあるのか知らない。一方日本人は神経質でもあり、またその楽天性にはあきらめの要素も多く含まれている。殊《こと》に今日の如き時世においてひとは真に楽天的であり得るか、疑問である。

それにしても日本人は一種の楽天家に相違ない。我々はどうなるのか。「どうにかなるだろう」と考える。日本の将来は。――どうにかなるだろうと考える。国家の財政は、支那問題は。――どうにかなるだろうと考える。日本の国策も突詰めれば、この「どうにかなるだろう」を多く出ぬのではないか。

つまり追求が足りないのである。日本人の楽天性は風土にも関係するであろう。そのうえ我々の歴史は現在まで大きな悲劇を経験しなかった。これは幸福なことに相違ない。しかし人間の世界における不幸はその実幸福であり得るように、幸福も他面不幸であり得る。

悲劇を知らぬ者には追求が足りない。悲劇的精神は追求の精神であるとも云える。

ギリシア人は世界最大の悲劇文学を作った。そのギリシア人は同時に世界最高の哲学を作り、そして科学の歴史の先頭に立った。彼等の科学も哲学も、運命の前に問い続けて立停まる彼等の悲劇的な追求の精神と相通ずるところがあったであろう。

幸か不幸か、大きな悲劇を経験したことのない我が国民は、今日も「どうにかなるだろう」で済ませている。もちろん若い世代は彼等の生活経験に強要されてそれほど楽天的でない。いわゆる不安の思想は彼等の心に深く巣《す》くい、悲劇的精神を形成するように見えた。それは、その追求が単に自己の内部に向って社会的現実に向わなかった点で非難さるべきであったにしても、ともかく我々に悲劇的な追求の精神を味わせた点では意味があった。しかしそれも今では「流行遅れ」になってしまったかのように見える。不安は克服されたのであるか。真の再建の代りに日本人伝来の「どうにかなるだろう」に還ったのではないか。

もし今後なお何時までも、どうにかなるだろうで済ませ得るとすれば、日本人こそ、果して偉大と云われ得るか疑問であるが、ともかく幸福な国民である。

日本的性格とファッシズム

一

日本にファッシズムが来るか。勿論《もちろん》、それは既に我が国に現われているとする見解が有力である。ファッシズムが今後日本において出現するにしても、乃至《ないし》は現在よりも強化されるにしても、それが根本においてこの国の社会的経済的事情に依存することは云うまでもない。勿論《もちろん》、それは今後の世界情勢の変化に依存することでもある。併《しか》し更《さら》に日本的思想の性格とファッシズムとの関係を考慮に入れることが必要である。例えば仮に従来の日本的思想がファッシズムの出現にとって好都合な性格を有するとしよう。そのときには、現にファッシズムとは関わりをもたぬ純粋に日本的なものとして唱道される思想のうちにおのずからファッシズムが忍び込んでいるということが容易に生じ得る。またそのときには、実際は既に日本にファッシズムが来ているにも拘らず、未だ来ていないと考えたり、それが既に強化されているにも拘らず、未だ微弱であると考えたりするようなことも起り得るのである。かくの如き誤解乃至《ないし》誤認は、勿論《もちろん》、思想の現実的基礎をなす社会的経済的状態の客観的研究によって訂正されることができ、また訂正されねばならぬ。併《しか》しながら他方例えば日本人及び日本的思想が模倣性に富み、外国の思想に感染し易い性格を有するとすれば、その現実的基礎の状態に相応するよりも先走りしてファッシズムを導入し乃至《ないし》は強化させるというが如きことも起り得るのである。かくして日本的性格とファッシズムとの関係について考察することが必要になって来なければならぬ。

しかし何が日本的性格であるかを定めることは決して容易でない。近年日本主義の流行と共に日本的なものに関する論議は甚だ盛んであるが、論者の間に一致した意見が存在するようにも見られない。先《ま》ず何よりも注意すべきことは、それら日本主義者の議論の多くは方法論的基礎が薄弱であり、歴史哲学的反省が欠乏しているということである。彼等の議論の根柢となっているものは、おしなべて所謂《いわゆる》実際主義的歴史観に属すると云い得る。この史観の特色は現在の行動のために有用な教訓を引出して来る意図のもとに過去の歴史を観察するところにある。実際主義的歴史は教訓的歴史である。この種の歴史は支那において特別に発達を遂げ、厖大な支那史籍はその世界的典型である。我が国の歴史叙述は古くから支那史学の影響を受けたということもあって、歴史を「かがみ」と見る実際主義的傾向を強く示している。それは日本的性格の顕著なものとして挙げられるのをつねとする実際主義の一つの現われであるとも見られ得るであろう。勿論《もちろん》、西洋にも実際主義的歴史観、教訓的歴史が存在しないわけではない。併《しか》し近代史学はかかる歴史を非科学的として斥け、それに代えて科学的な歴史即ち発展史と称せられるものを発達させた。我が国においても明治以後西洋史学の影響のもとに、文献学的方法、文化史的方法、唯物史観的方法等が唱えられ、科学的な、発展史的な歴史への努力がなされて来た。最近における国民主義的歴史はこれに対して反動的意義を有するものである。発展史的見方は以前の実際主義的見方に逆転し、特殊な事実が全体の発展過程から孤立させられ、世界史的聯関から抽象されて観察され、誇張されている。反動思想は反動史学を生み、反動史学は反動思想に仕えている。自己の主観的な目的に利用するために特定の事実、事実の特定の方面のみを歴史の全体の発展の聯関から孤立させて取り出し、これが日本的なものだと云っても、科学的だとは認め難いであろう。発展的歴史から実際主義的歴史への反動は、我が国においては、前者の伝統が若く、後者の伝統が古いだけ、人々の注意を惹くことなしに容易に起り得ることである。勿論《もちろん》、実際主義的歴史の動機が凡《すべ》て無意味であると云うのではない。如何《いか》なる歴史も現在の立場から書かれる、これは歴史的認識の根本的制約であって、実際主義的歴史観がこのことを事実において強調して行っているとすれば、それは理由のないことではない。然《しか》るに事実において行っていることは理論において認められ、科学的自覚に持ち来されることが大切である。言い換えれば、歴史考察における自己の立場が主観的に陥り易いのを考えて客観的に反省することが大切であり、そのためにはそれを歴史の全体の発展過程において、且《か》つ世界史的聯関のうちに眺めるということ、即ち真の意味における歴史的自省が要求されるのである。

二

　ところで近頃日本的なものを唱道する多くの人々にはかような歴史的意識が欠乏しているように思われる。差当って注意されることは、日本的なものを決定するに際し、それを或《あ》る者は日本歴史の上代に、他の者は王朝時代に、更《さら》に他の者は降って徳川時代の中に求めるというように、多くの場合において発展史的な聯関が見失われている。かくの如く人々によってそれぞれ異る時期が謂わば特に日本的な時期として挙げられるということは、一面から見れば、日本人の意識にとって古典的時代ともいうべきものが一定して存在しないということを示しているであろう。いったい日本歴史の如何《いか》なる時代が古典的時代であるかと問われるならば、我々は西洋の諸国民と同様に容易に答えることができないであろう。少くとも神道家と儒者と仏教家とが一致して承認し得るような日本の古典的時代というものを見出すことには困難が感ぜられる。我が国の昔の優秀な儒者、仏教家の中にさえ、そのような古典的時代を却《かえ》って支那の如き外国において考えた者があった。かくの如き意味において統一的な古典意識の欠乏は、我々がそこに日本的性格の探求の一つの端緒を認め得るような日本の特殊性に属している。併《しか》しまたそのことこそ、日本的なものの決定に当っては従来の歴史の全体が観察されねばならぬという方法論上の必要を強調していることでもなければならぬ。

然《しか》るに事実は反対に近頃日本的なものを高唱する人々の観察からは明治時代、恐らく後世の日本人がこれをもって日本の古典的時代と考えるであろうとさえ想像し得る明治時代が除外される傾向がある。明治以後は西洋模倣の時代として、外来思想によって日本的なものが失われた時代として、彼等から排斥されるのがつねである。けれども事実としては、明治時代こそ日本歴史において真に国民的統一が成立した時であり、真の国民主義が現われた時である。この点において日本も世界の歴史の何等例外をなすものでないと云い得るであろう。ヨーロッパにおいても封建社会から近代的社会へ移って行ったルネサンス以後の時期は近代的国家の成立の時期であり、国民主義勃興の時期であった。勿論《もちろん》、その場合にも明かに日本的特殊性が存在している。何が日本的性格であるかを知ろうとする者は必ずしもつねに昔の日本に還ることを要しない。現代の日本のうちにも日本的性格は現われている。或《あ》る意味では却《かえ》って現代の日本の研究が日本的性格の究明にとっても最も重要であると云うことができる。なるほど明治以後の日本は西洋思想の影響を受けている。併《しか》しかかる西洋思想の受け入れ方そのもののうちに、嘗《かつ》て我々の祖先が仏教思想や支那思想を受け入れた場合におけると共通のものが存在しないであろうか。その共通性のうちに日本的性格が考えられねばならぬ。外国思想の輸入も決して偶然に行われるのでなく、自国の現実の発展がそれを要求するに至るのである。

右の方法論上の欠陥は今日実践的な日本主義者のみでなく、観想的な日本主義者、世間でも自分自身でも理論的で、学者的であると思っている日本主義者においても同様に見出される。後者もまた日本的なものについての彼等の考察から現代の日本を意識的に或《ある》いは無意識的に除外し、従って真に発展史的な見方が欠乏している。彼等は歴史というものが単に過去の歴史でなく、却《かえ》って現代の歴史であることを理解しない。ところで特に考慮を要する問題は、それら凡《すべ》ての国粋主義者たちが恰《あたか》も日本的特殊性であるかの如く主張するものが実は何等特殊性でなく、却《かえ》って歴史の一般的な発展段階の異る時期に属するに過ぎぬものでありはしないかということである。一層具体的に云えば、事物の現象形態に囚われることなくその本質を捉えるとき、彼等が日本的なものとして唱えるものは封建的なものであり、そして彼等が西洋的なものとして斥けるものは近代的なものであり、従って西洋においても近代に至って初めて現われたものであるということ、またそのようにして日本的と考えられるものも資本主義以前の西洋の社会に存在しており、そして西洋的と云われるものも日本の社会が資本主義的になると共に必然的に現われざるを得なかったものであるということがないであろうか。発展段階における相違に過ぎぬものを民族的特殊性そのものの如く穿き違えることのないようにすることが大切である。このことも我々が国粋主義者に対して掲げねばならぬ方法論上の要請である。この要請は、我が国においては現在なお封建的なものが多く残存しており、そのために日本的なものと封建的なものとが混同されて同じに視られるということが生じ易いだけ、重要である。このような混同もまた事物を真に発展的に見ることによってのみ除去され得るものである。

然《しか》るに事物を発展史的に見ることとは、それを真に実践的な立場から、もしくは生産の立場から見ることにほかならない。日本的性格の究明にとって現代の日本の研究が特に重要であると云うのも、この立場においてである。今日人々が日本的なものとして挙げているものの多くは既に過去のものに属しており、現に過去のものに属しつつある。我々と雖《いえど》も、その美を理解し、享受し、歎賞する。併《しか》しながら我々がそれに満足し得るのは観照の立場においてであって、ひとたび生産の立場に立つとき、我々はそこに不安を感ぜざるを得なくなるであろう。例えば我々は純日本建築の線の美しさ、木肌の美しさを知っている。けれども今日の社会が必要とする多数の工場、公共的建造物、また今日の生活諸条件に制約されて次第に増加して行くアパート等を建てようとする場合、西洋式建築を排して純日本式を採ることが可能であろうか。西洋式建築が出来れば、その装飾には洋画が要求されるようになる。我々はまた例えば日本文学の本質が、あわれ、さび、わび、しおり、幽玄、風雅等にあることを教えられ、そしてそのことを理解する。併《しか》し今日多数の青年が映画館へ行くこと、西洋音楽のレコードを聴くことに最上の快楽を覚えている場合、創作に従事する文学者は、あわれ、さび、風雅などを自己の文学の精神として固執することに安心し得るであろうか。建築、美術、音楽、文学、科学、哲学、宗教等、社会の一時代のあらゆる文化は相互に密接な聯関をなしている。然《しか》るに今日人々が日本的なものとして挙げているものには、現代の日本の社会の経済的、技術的、科学的文化の聯関から游離し、孤立しているものが少くないように思われる。逆説的に云えば、それらのものは現在の物質的並びに精神的文化の聯関から游離し、孤立しているが故に、「趣味」として、「教養」として悦ばれるのである。そこには最早《もはや》活潑な創造的精神は存しない。皮肉にも、人々の所謂《いわゆる》日本的なものは現在多数の日本人にとっては「趣味」となり、「流行」として感ぜられるようになっている。かくの如き状態に満足し得ない者は日本的なものを発展的に把握しなければならぬ。単なる享受の立場に立つのでなくて生産の立場に立つとき、過去の日本的文化が如何《いか》に美しいにしても、我々は最早《もはや》それと同様のものを同様の高さにおいてみずから生産し得る条件を今日の現実の社会のうちに有しないのである。勿論《もちろん》、我々は西洋思想の単なる模倣に甘んじ得るものではない。文化の創造にとって伝統の大切なことは云うまでもないが、過去の伝統と如何《いか》に結び付くかということは現在我々にとって特別に困難な問題となっている。この困難は、右に触れた古典意識の問題とも関聯し、そのうちに我々が日本的性格を探り得るほど日本において特殊的なものである。更《さら》に附け加えて云えば、単なる特殊性はそれ自身無価値である。ただ日本だけで通用して支那では最早《もはや》通用せず、理解もされないような原理を日本精神として高唱するのみでは、昔の日本ならばともかく、今日の世界における日本としては甚だ不十分であると云わなければならぬ。

三

周知の如く、日本には現在なお多くの封建的なものが残存している。かかる封建的なものを直ちに日本的なものそのものと見做すことの誤謬は既に述べた通りであるが、翻って我々の実践の立場から考えるとき、西洋諸国に比して日本には多くの封建的要素が現在も存在するということがそれ自身一つの日本的性格を形成していると考え得る。かかる意味における日本的性格を問題にすることは、ファッシズムと日本的性格、乃至《ないし》はファッシズムの日本的性格について考える場合、特に必要なことでなければならぬ。西洋は個人主義であって日本は全体主義であるというのは、近頃有名な命題である。それは全然理由のないことでない。併《しか》しながら西洋においても個人主義が発達したのは主として近世に属し、それ以前も個人主義的であったとは云えぬ。従って今日全体主義を標榜する西洋のファッシズムの理論のうちには多くの中世主義の要素が取り入れられている。一方日本においても資本主義の発達は必然的に自由主義、個人主義を発生せしめ、家族制度等の如きも次第に危機に瀕していることは何人も否定し得ぬ事実である。しかも資本主義は西洋の単なる模倣というが如きものでなく、遥か明治以前から日本の社会のうちにそれへ発展せねばならぬ内在的原因が存在した。なお我が国に比較的多く全体主義的なものが現存するとすれば、それは我が国における資本主義の発達が急激であり、自由主義や個人主義が十分に成熟し得なかったということに基いている。勿論《もちろん》、そこには地理的、政治的等の特殊事情が認められる。日本が島国であること、徳川幕府が鎖国政策を行ったこと、その他の原因はこの国における個人主義や自由主義の発達を抑圧したであろう。デュルケームも云った如く、人間の個性や自由の発達には社会の範囲の拡大が必要である。日本の社会が比較的閉ざされた社会として存在して来たということは全体主義的観念の発達にとって好都合なことであったであろう。併《しか》しながら固《もと》よりファッシズムはその本質において封建的イデオロギーそのものでなく、却《かえ》って資本主義の現在の段階に相応するイデオロギーである。この点において今日の日本主義も外国の全体主義即ちファッシズムに対して例外をなすものでなく、日本における資本主義の行詰りから生れて来たものにほかならない。かくの如き意味において日本主義は何等日本的でなく、世界的である。それだから他方日本主義のみが日本的性格を有すると誇称し得ないことにもなる。日本主義が果して日本的なものの代表者であるか否かも甚だ疑問である。寧《むし》ろ一部の人々がみずから率直に認めているように、今日の日本主義はファッシズムである。ただ現在の日本の特殊性、即ち封建的なものが比較的多く残存しているということ、個人主義や自由主義が十分に発達していないということは、このファッシズムの日本的性格を規定している。また右の日本の特殊事情はこの国におけるファッシズム的支配にとって有利な条件の一つであろう。併《しか》し問題は、封建的なもの即ち日本的なものでないというところに横たわっている。

外国のファッシズム、例えばドイツ主義を唱えるナチス等に対してファッシズムとして同一の性質を有する日本主義も、それが日本で生れたものである限り、勿論《もちろん》日本的性格をもっているであろう。かような日本的性格は単に日本主義にのみ特有なものであるのではない。既に屢々《しばしば》、日本主義における自己矛盾として、日本主義は自己を理論的に基礎付けるに当り絶えず外国の哲学を借りているということが指摘されて来た。外国のファッシズム理論である全体主義の哲学は固《もと》より、古くはヘーゲル哲学、新カント派の哲学、この頃はテンニースの協同社会（ゲマインシャフト）と利益社会（ゲゼルシャフト）の理論、ハイデッガーの哲学、等々、種々様々なものがそのために利用されている。かくの如きことは現代の日本の文化、国民の一般的教養が決して国粋主義者の欲する如く日本的でなく、また日本的であり得るものでもないということを示しているのであるが、我々は丁度《ちょうど》そこに日本的性格の探求に対する一つの手懸りを見出し得るであろう。

外国思想をもって日本的なものを規定し、基礎付けるということは、たしか長谷川如是閑氏も注意されていたと思うが、日本的性格の一つに属している。そのことは今に始まらない。現代の日本主義と深い関係を有する神皇正統記は朱子の綱目の学から多分に影響され、また水戸学は一方ではこの綱目の学、他方では春秋の胡伝の学などから影響を受けたと云われている。このような事実は如何《いか》にも矛盾である。併《しか》しそこに日本的なものがあると云えば云うことができる。即ち日本的なものは形のないものである。無形式の形式ということが日本的性格である。日本的なものは形のないものである故に、その時代において有力とされる教養、例えば支那の学問によって形式を与えられることができたし、また与えられねばならなかった。現代の日本においてかかる有力な教養が西洋の文化、その思想、その科学であることは云うまでもないであろう。尤《もっと》も、徳川時代の国学者は儒教や仏教を離れて純粋に日本的なものを求めようとした。けれども本居宣長においてさえもが、その教養の基礎となったのは儒教や仏教である。平田篤胤も同様であって、彼は儒教仏教のほかにキリスト教の思想をも取り入れた。その本教概略という著述は、平田が当時キリスト教禁制の時代であったにも拘らず、キリスト教の書物を読み、これを神道のうちに取り入れて、自己の説を立てようとしたものである。この本の中に次のような意味のことが述べられている。外国が日本から採るものはないが、日本が外国から採るものは多い。日本は外国からいろいろ益されるが、外国は日本から益されることはない。日本の古道からは与えるものがない、しかも、ここに於《お》いてか我が道の大なることを知る、と平田は云っている。日本の古道は一の無であるが、単なる無でなく、万物を包み蔵する無であり、万物を生み出す無である。これは村岡典嗣氏の指摘されていることであるが、非常に固陋であったように思われている篤胤も徳川時代における新思想家であって、その神道には儒教、仏教のみでなく、更《さら》にキリスト教までも取り入れているのである。

無形式の形式を本質とする日本的精神はつねに進歩的であることができた。それはそれぞれの時代においてそれぞれの形式を採って現われたが、本来は形式のないものである故に、その一つの形式に拘泥することなしに容易に他の形式に移って行くことが可能であった。この点において礼というものをその最も特色ある文化として生産した支那と日本とは異っている。我々の祖先は進取的であって、支那、印度、西洋の文化を殆《ほとん》ど全く無雑作と思われるほど容易に取り入れて、自己の生活と文化との発展に役立てることを知っていた。日本人は外国を模倣することを得意とし、流行を追うことを好むというが如きことも、無形式の形式という日本的精神の性格から理解さるべきことである。かくて過去の何等かの形式に固執し、徒《いたず》らに外来思想を排斥する近頃の保守的反動的な日本主義ファッシズムは、日本的精神の本来の面目からは離れたものであると云わねばならぬ。寧《むし》ろ大いに外国に学び日本の文化に新しい形式を与えることに努力するのが日本的なことである。

四

勿論《もちろん》、無形式といっても何等形式がないということではない。無形式のうちにおのずから統一があるのが無形式の形式という意味である。形式なき形式、統一なき統一が日本的性格を形作っていると見られ得る。このような統一は形式における統一、従って連続的な統一でなく、却《かえ》って非連続的なものの統一であり、相反するものが直ちに一致するというような統一である。日本的性格として挙げられる帰一性もここに考えらるべきであって、一定の客観的な形式に帰するということではないであろう。

『日本の科学界』（大日本文明協会編、大正六年刊）の編者は、日本においては歴史上「権力を以て思想を圧迫せんとする如き悪弊は極めて稀有で」あり、政治上ではもとより屢々《しばしば》激烈なる競争を見ることはあったが、これがために思想の進歩を甚だしく妨害した例は皆無で、戦争最中と雖《いえど》も、一方の思想が他方に移るには決して困難ではなかったと述べ、そして次のような例を挙げている。王朝衰えて鎌倉幕府の下に封建制度が成立したのも、元来その案を立てたのは実に朝廷に仕えていた人々であった。また蒙古が使者を我が国に派遣したのは文永五年（西紀一二六八年）で、その後十三年を経て弘安四年大軍をもって我が国に来襲したのであるが、我が国は最初からこれを敵視して飽《あ》くまでその交渉を拒絶し、ひたすら防禦策を講じていたにも拘らず、その後弘安二年（西紀一二七九年）元の僧祖元を聘して鎌倉円覚寺の開祖となし、時の執権北条時宗は厚く彼に師事し、後また僧一寧を迎え同じく厚遇した。当時一寧の如きは元の間諜であるとの風評専ら高かったが、時宗は毫も世評を意とせず、自由にその教旨を弘布せしめた。かくの如く相反するものが直ちに結び付くというところに日本的性格があると考えることができる。かかる日本的性格は社会上並びに思想上の変革を比較的平和な形式で行わしめた一つの原因であると考えることもできるであろう。

併《しか》しながら他方から見れば、そこには客観的な形式における連続的統一が乏しく、従って勝れた意味における伝統というものが成立するに困難であろう。そこでは寧《むし》ろ凡《すべ》てが非連続的に繋がっている。かく考えるとき、ヘーゲルの連続的発展の弁証法に対して西田哲学がその弁証法において非連続観を徹底させたということも興味深い。無形式の形式を性格とする日本的意識にとっては連続的発展としての伝統が発達するに困難であったということに、伝統そのものが謂わば統一なき統一に存したということに、既に述べた古典意識の欠乏ということも関聯している。例えば関孝和はニュートンやライプニッツと同時代に生れ、彼等の微分積分学の発見に比して少しも遜色のない数学上の発見をなした天才である。然《しか》るに孝和のこの世界に誇り得る数学も幸福な伝統において連続的に発展するに至らず、その真価が認められるには西洋数学の輸入の後まで待たねばならなかった。日本文化は固《もと》より外国文化の単なる模倣でなく、固有性と独創性とに欠けていないに拘らず、その歴史が支那文化、仏教思想、西洋文化、そしてそれらの種々異る要素の次から次への模倣の歴史であるかのように見えるということも、右の如き日本的性格の然《しか》らしめるところである。更《さら》に無形式の形式という日本的性格のうちに和辻哲郎氏が指摘されたような日本文化の重層性というものも理解し得るであろう。今日においても神社崇拝と仏教的信仰とは多数の日本人にとって同時に可能なこととなっている。日本画と洋画とは一つの展覧会において一緒に観賞され、讃美されている。それらのものは客観的な形式としては同一のものでなく、寧《むし》ろ相反するものである。然《しか》るに我々日本人はそれらのものを同時に信仰し、観賞することにおいて怪しまず、矛盾を感じないのである。客観的には明かに矛盾しているることを心において直ちに一致せしめるということは日本的特性に属している。それは日本的精神が無形式の形式であることを示している。

云うまでもなく、日本的なものは無形式のままに留まらず、外来文化の刺戟と影響とのもとに種々の形式もしくは形態を採った。そして人間は単に主体的に規定されるのみでなく、また客体的に規定されるものである故に、それぞれの時代における日本の文化にはおのずから一定の客観的に認め得る統一が存在している。就中《なかんずく》西洋の客観的文化の移植以後、客観的な形式における統一、最も広い意味での合理的な統一に向っての努力が絶えずなされて来た。併《しか》しながら右の如き日本的性格は少くとも現在に至るまでなお存在している。このことは日本におけるファッシズムにとって好都合な条件であろう。形のないものは一方あらゆる非合理的なものを容れ得るものでもある。そして他方非合理的なもの、理論上は明かに承認し難いものが外部から迫って来る場合、そのような日本的性格はこれに対して徹底的に抗争することをしないで、寧《むし》ろあらゆる矛盾したものを呑み込み得る心に頼るようにする。仏教によって養われた無常観、あきらめがそのために役立つであろう。自己の主張や理論を飽《あ》くまでも固持することなく、反対のものに容易に転向し得るということが日本的性格のうちに含まれている。また形のない日本的性格は理論に基くことなしに単なる純情となって直接的に行動することができる。このことが日本におけるファッシズムを特徴付けている。尤《もっと》も、我々は無形式の形式、乃至《ないし》は無と呼ばれるものをあまりに形而上学的、神秘的に解することを慎しまねばならぬ。古事記や万葉時代の日本人の現実主義については多くの人々が一致して述べている。かかる現実主義が中世においてもそのまま存続したとは考え難いにしても、ともかく現実主義的であるということは日本的性格の一つに属している。仏教の如きも日本へ渡って実際的となり、現実主義的となったことは、これまた仏教学者の多数が認めるところである。現実が無であるという思想は日本においては印度や支那の仏教においてよりも遥かに非形而上学的に、現実主義的に考えられたであろう。現実主義或《ある》いは実際主義は日本人をして極端に趨《おもむ》かしめず、極端なファッシズムを嫌悪せしめるということも考えられる。更《さら》に形のない日本的性格は他の影響を受けることが容易であり、世界におけるファッシズム乃至《ないし》はその正反対の思想の動きに極めて鋭敏に反応するということも考えられるであろう。

併《しか》しながら今日においてはそのような日本的性格そのものさえもが動揺しているのではないであろうか。無が現実である、従って無は本来何等主観的なものでない。無を主観的なものと考え、体験することは日本に西洋の客観的文化が根をおろしてから可能になったと云えるであろう。客観的な見方が存在しなかったところに如何《いか》にして主観的な見方が存在し得たであろうか。然《しか》るにそれと共に云い得ることは、西洋的教養が身に着き始めた現代の青年にとっては最早《もはや》伝統的な無に安住することも不可能になっているということである。固《もと》より今日彼等の体験する所謂《いわゆる》新しい無に伝統的な無に類するものが全く存しないとは云い難いであろう。否、伝統の所在が怪しくなっているところに現代的日本人の悩みがある。今日の日本主義が彼等の帰著し得る伝統を指示しているとは云い難い。我々にとって伝統の所在が怪しくなっているということは、日本的性格の現実主義は極端を嫌うが故にファッシズムの考えるような極端な独裁は日本には来ないであろうという推論が怪しくなっているのと同様である。日本主義においてさえ、伝統的な日本的性格が怪しくなっているのである。

五

このように日本的性格が怪しくなっているということは、勿論《もちろん》、日本的性格が一般に全く失われてしまったということではない。日本人が日本人であることをやめることは先《ま》ずないであろう。併《しか》しながら民族は単なる生物学的なものでなく、歴史的なものである。生物の種でさえ変化するものであるとすれば、まして民族は不変のものではあり得ないであろう。人間は社会から生れるものである限り、この社会が封建的から資本主義的へというように変化するに従って人間も変化しなければならぬ。その際日本人が日本人たるの性格、もしそれが右に述べた如く無形式の形式にあるとすれば、このものは一般的には失われないとしても、それが採るべき形式もしくは形態が新たにならなければならぬ。言い換えれば、新しいタイプの日本人が生れ、新しいタイプの文化を生産しなければならぬ。そして既に最初に云ったように、この場合我々は最早《もはや》単に過去の伝統的な文化の形式を踏襲することに満足することができないとすれば、西洋文化の徹底的な研究と同化を見棄て得ないのみでなく、寧《むし》ろこの方向に突き抜けることによってそれを求めるのほかないと思われる。勿論《もちろん》、我々は伝統的な日本文化、更《さら》にそれに影響を与えた支那や印度の文化の研究を排斥するのでなく、却《かえ》ってその必要を十分に承認する。ここではただ基本的な方向が問題なのである。仮りに西洋文化に対して従来の日本は単に模倣したのみであって、何一つ日本的なものを生産しなかったとしても、そのことは我々に対する反対論としては成立し得ない。西洋文化の輸入以後真に日本的なものが生れるためには、例えば仏教が最初日本に移植されて鎌倉時代において日本的仏教が開花するまでの期間に比してみても、あまりに短時日なのである。問題は今後にある。且つその仏教にせよ、明治以後においては何等新しい経典に値するものを作り得なかった。仏教が形骸と化している現代において、もし真の仏教復興があり得るとすれば、何等か新しい経典が書かれるのでなければならず、これを書き得る者は恐らく西洋思想を十分に把握したものであるであろう。

過去の日本が仏教や儒教を取り入れて来た仕方のうちにも一定の日本的性格が認められる。仏教は日本においてその思弁的傾向を脱して宗教として純粋化され、実際化され、且つ単純化されたと云われている。かくの如きことは従来の西洋哲学の移植の場合にもなお見出されることである。西洋人の作った厖大な体系は一篇の論文にそのエッセンスが要約され、そしてその小論文のうちにおいてさえ何か人生論めいたものが附け加えられる。その哲学的理論が円熟するに従って論文は随筆になる傾向があった。これはまことに日本的性格にふさわしいことであった。かような純粋化、実際化、単純化にも確かに勝れたものがある。それは文化と生活とを分離させず、生活をおのずから文化に近づかせるというところがある。けれどもそれと同時に思想乃至《ないし》文化が所謂《いわゆる》心境的なものとなってしまい易いということがある。心境的ということがまた日本的性格の一つに属している。ところで文学の方面でも心境文学からの転換の努力が日本の新しい世代によって絶えず続けられている。勿論《もちろん》、思想において単に所謂《いわゆる》体系とか組織とか、形式のみが問題であるのではないであろう。かような形式的問題のうちには遥かに重要な問題が含まれていることを見逃してはならぬ。それは伝統的な東洋的自然主義に対するヒューマニズムの問題である。この問題は今日我々にとって決定的に重要な意味をもっている。我々がさきに述べた日本的性格の動揺ということも根本的にはこの問題に関聯しているのである。心境的なものに対する抗争ということもこれに関聯している。それは決して全体主義に対する個人主義というが如き問題と同列のものではない。日本主義ファッシズムはこの問題の意味を正しく認識せず、その重要性を正しく計量せず、恰《あたか》もその問題が全体主義に対する個人主義の問題に過ぎないかの如く見做し、個人主義は最早《もはや》時代遅れであると云うことによってヒューマニズムを抑圧しようとする。そこにファッシズムの日本的性格が生ずるであろう。

多くの西洋人は日本的性格を捉えて、それは折衷的な点にあると見ているようである。併《しか》しかくの如きは単に西洋的な眼をもって日本人を見たものであって、真相を捉えているとは云えないであろう。日本人が折衷的であるかの如く見えるということは、日本人が現実主義的、実際主義的であって極端を好まないということの現われである。またそれは日本文化の重層性を外側から見たものであって、その根柢には無形式の形式という、従って相反する多様なものを同時的に存在させ得るという日本的精神があるであろう。日本人の勝れている点は折衷にあるのではなかろう。我々の祖先の功績は儒教と仏教とを折衷乃至《ないし》綜合したこと——それは例えば支那において朱子学が立派に行った——にあるのでなく、儒教や仏教のうちに日本的性格を作り上げたことにある。東洋的自然主義とヒューマニズムとの問題も決して我々が折衷によって解決し得るものでない。それは我々が日本文化の重層性の名目のもとに並存せしめ得るものではない。ヒューマニズムはその本性上どこまでも形式における統一の実現されることを要求するからである。よしんばかの日本的性格、無といい無形式の形式というものが単に封建的なものでないにしても、もしそれがヒューマニズムを生かし得るものでないならば、ヒューマニズムはそれを封建的なもの、乃至《ないし》はファッシズムと見做して対立せざるを得ないであろう。

日本的なものは全体主義であり、人間を個人としてでなく社会的存在として捉えることはその本来の特色であるとは、近頃繰返し云われていることであるが、東洋思想のうちにパーソナリズム（人格主義）が真に存在するか否かは疑わしい。そのような場合人倫の思想が屢々《しばしば》持ち出されているが、それを強調したのは朱子学であり、そして朱子学は徳川時代において支配階級の政治的イデオロギーの組織に役立てられ、禅宗の如きも社会の上層部に近づくために仏教儒教の綜合を企てたと見られている。それはともかく、人倫関係においてのみ見られる人間、いわゆる間柄における人間はペルソーナ（元の意味は芝居の面、役割を演ずる人間）であっても、未だ真のパーソナリティ（人格）とは考え難い。ギリシア人は芝居の役者のことをヒポクリテースと称したが、この言葉が新約聖書においてはヒポクリットの現在の意味即ち偽善者の意味に転化させられたということは決して偶然ではなかった。単なる役割における人間はなお真の人間でなく、いわば偽善者即ち仮面を被った人間である。真の人格はそのような役割を脱ぎ棄てて裸の人間になった時に現われる。かかる人格の観念は単なる人倫の観念のみからは考えられぬ。しかも人格の観念は決して個人主義的なものでなく、却《かえ》って人格は他の人格に対して人格である。そのような人格の観念――固《もと》より人間は一面どこまでも役割における人間として具体的な人間であるのではあるけれども――を認めない全体主義は、如何《いか》に倫理的な言葉で現わされているにしても、ファッシズムの一形態としてヒューマニズムに対立するものである。実際、今日恰《あたか》もそれが日本的であるかの如く云われている儒教イデオロギーは官僚的ファッシズムを助ける有力な武器となり得るものである。

次にヒューマニズムは文化に関してそれを客観的な事態として認めることを要求する。このことは文化が客観性への転向、ジンメルの所謂《いわゆる》「イデーへの転向」において客観的精神として成立するものであるということを意味している。かくの如き文化の見方は我が国においては現在我々が普通に科学と呼んでいるものが発達していなかったということとも関聯してこれまで十分に認められていない。併《しか》し言論の自由にしても、言論というものがそれ自身客観的なものであると考えられない限り、尊重され難いであろう。生活と文化とを分離しない日本的考え方には勝れたところがあるにしても、それは一方文化を心境的なものに変えてしまい易いと共に、他方文化を実際主義的にのみ見て、客観性に欠けたものにする危険がある。科学の尊重、客観的な形式の尊重はヒューマニズムに欠くことのできぬ要素である。

併《しか》しながらひとは云うかも知れない、自然主義とヒューマニズムとを対立的に考えることはそれ自身既に西洋的な問題提出であって、日本においては自然と人間とは元来有機的融合的に見られており、そこに日本的思想の特殊性があるのである、と。我々もそのことを承認する。けれども自然に対する人間の感情も変化する。それは社会の変化に応じて人間自身が変化することによって変化する。我々日本人が西洋的な科学及び技術をもって自然に働き掛けてこれを変化することを始めると共に、我々は昔のままの自然感情にのみ留まり難くなるであろう。登山、スキー、ハイキング、キャンプ等々、西洋的なスポーツを好むようになった現代の青年の自然感情は昔のままであると云い得るであろうか。勿論《もちろん》、日本人が日本人であることをやめたと云うのではない。それだからこそ東洋的自然主義とヒューマニズムとの関係が問題になるのである。両者は如何《いか》に結び付き得るであろうか。否、嘗《かつ》て西洋の哲学者が神に対して死を宣告したように、我々は東洋的「自然」に対して消滅を宣告すべきであろうか。かかる問題に対して根本的に対質することに日本的性格とファッシズムの問題は集中するのである。

教養と時代感覚

最近ヒューマニズムの問題などとも関聯して教養というものが問題になっている。教養といってもその内容はもちろん不変のものでなく各時代において違っており、また教養の本質についての見方も歴史的に変ってゆくものである。

教養は先《ま》ず或《あ》る時代の文化的水準に関係している。一定の時代の文化的水準はその時代の教養において示される。従って教養とは先《ま》ず自己の時代の文化的水準にまで自己を高めることを意味するのである。かような文化的水準として差当り考えられるものは時代の常識であろう。しかしながら常識はいわば教養のミニマムであって、教養といわれるものは何かそれ以上のもの、従って場合によっては何か贅沢なもののように考えられている。常識があるだけではなお教養があるとは云われない。けれども時代に必要な常識を抜きにした教養は無意味なのであって、この点、教養を重んずる者がその時代の、特に社会や政治についての常識をとかく問題にしないという傾向があるだけ、注意することが大切である。教養は何か常識以上のものとして、時代の文化的水準の実際のみでなく、それの到達すべき理想をも現わしている。教養の要求は時代の文化の理想的状態に自己を高めようとする要求である。

次に注意すべきことは、教養はかように一定の文化の観念を含んでいるのみでなく、その根柢に一定の人間の観念を含んでいるということである。なぜなら教養といわれるものは、専門的乃至《ないし》職業的知識であるよりも、人間を真に人間らしくし、人間性を完成するに必要な普遍的知識である、教養の問題がヒューマニズムの問題と関聯しているのもそのためである。如何《いか》なる専門家も人間であり、真の人間にならねばならぬ以上、教養が大切であると考えられる。かくして教養の観念は人間の観念を含んでいる。しかもそれは単にその時代の人間の実際についての観念に止まらないで、その時代が到達せねばならぬとされる人間の理想に関係している。

時代の有する教養の観念はその時代の有する人間の観念を現わし、人間の観念の変化するに応じて、何が教養と考えられるかも変化する。社会や政治に関する認識が現代の教養の重要な要素でなければならぬと云うのも、現代における人間の観念が個人主義的なものでなく、社会的歴史的人間でなければならぬということに基くのである。教養が時代の文化的水準を基礎とすること、またそれが時代の文化の理想、さらに人間の理想を含むということ、すべてかようなことが教養と時代感覚とのつながりを示している。それが後に至って哲学や社会科学などの指導を要求するようになり、またならねばならぬとしても、教養そのものは根源的には時代感覚に指導されている。一時代の教養の内容及び方向を決定するのはその時代の時代感覚である。

ならぬ。

実際、教養と時代感覚との結び付きは大切である。教養が時代感覚と結び付いていない場合、教養は単なる趣味の如きものとなってしまう。教養を趣味的なものと考えることは教養についての旧観念であって、真の教養のためには先《ま》ずかような観念が訂正されねばならぬ。

もとより趣味的なものが教養の内容に属すべきでないと云うのではない。そのような趣味も時代感覚に結び付かねばならないのである。趣味はとかく単に個人的なものになり易い。また趣味は出来上ったもの、過去のものの上に働く。

しかるに時代感覚はその本性上社会性を有するものであり、また時代感覚は過去のものよりも現にあるもの、将《まさ》に来つつあるものに関している。もちろん真の教養にとって過去の古典についての教養は重要な要素でなければならぬ。しかし古典を主として教養を考えることは偏見に過ぎない。古典も時代感覚に基いて新たに理解されることによって真の教養となり得るのである。モダンであることが古典的であることよりも容易であるとは云い得ない。モダンであることが教養に属しないかのように考えるのは間違っている。教養のモダニティは時代感覚によって与えられる。現在の現実の聯関から游離しているものほど教養的なものであるかのように考えることは間違っている。教養について時代性が問題にされねばならぬ。

かくの如きことと関聯して、真の教養はまた単なる博識と区別されることが必要である。

博識は却《かえ》って屢々《しばしば》俗物を作るものである。ニーチェと共に我々は教養ある俗物を最も軽蔑する。教養はつねに大切であるが、その教養のために却《かえ》って俗物になる危険が存することに注意しなければならぬ。時代感覚を持たないでただ教養を求める者にとってこの危険は最も大きい。真の教養は却《かえ》って生の発展に有害な伝統、無用な博識を払い落して精神の自由を獲得するところにある。今日の如き社会の転換期において教養を求める者は特にこのことを考えねばならぬ。

時代感覚は感覚の性質上新しいものに向うのがつねである。従って時代感覚にのみ頼ろうとする教養は単に流行を追うという結果に陥る危険を含んでいる。これに対して古典的教養の意義を説くことは無駄でなかろう。新しいものに傾く時代感覚に真に進歩的な意義を負わせなければならぬ。そこにこそ真の教養が生ずる。

この場合、現代の新しい教養としての科学的教養の重要性を考えることが肝要である。教養を趣味的教養もしくは古典的教養と解する者は科学的教養の意義を顧みようとはしないのが普通である。科学的教養よりもモダンなものがあるであろうか。科学的教養を重要な教養と見做すことは新しい時代の時代感覚に属している。

科学はこれまで教養的なものとは考えられなかった。科学は一般に趣味といわれるものから遠いものである。しかし、それにも拘らず、時代感覚の変化は今日次第に科学的教養を重要な教養として認めるようになった。新時代の教養は何よりも科学的教養でなければならぬ。それは自然科学はもとより、特に社会科学に関する教養でなければならぬ。教養とは単に物を知ることでなく、自己の人間を形成することである。しかるに自己はただ世界の中においてのみ形成されることができ、人間の自己形成はただ世界形成を通じてのみ達せられることができる。しかも世界を形成するためには世界に関する科学を獲得することが必要である。

デカルトと民主主義

ことしはデカルトの「方法論」が出版されてのち三百年の記念の年である。それはフランス人にとって国民的祝祭を意味する。なぜならこの書物は単に哲学の書であるのみでなく、フランスにおける国民の書であり、その影響はこの国の全文化に滲透している。デカルトの「方法論」はすでにその外形において大胆な革新であった。それはフランス語で書かれた。学者の言葉と云えばラテン語に決っていた当時、哲学をフランス語で述べるということは、それだけで革新的なことであったのである。デカルトの前に哲学者の中においてフランス語で書いた人は、あの偉大なヒューマニストのラメー以外に殆《ほと》んど見当らない。

ラテン語からフランス語へ、そのことはすでに中世の封建主義から近世の民主主義への移行を語るものである。デカルトは彼の「方法論」をフランス語で著した理由について云っている、「私が私の師匠たちの言葉であるラテン語でなく、却って私の国の言葉であるフランス語で書くというわけは、自分の全く純粋に自然的な理性をしか用いない人々が、古人の書物をしか信じない人々よりも一層よく私の意見について判断するであろうことを期待する故である」。更《さら》にデカルトは、この書物において「私は婦人でさえ何物かを理解し得るであろうことを、しかしまた最も明敏な人も彼等の思慮を費すに十分な材料を見出すであろうことを欲した」、とも書いている。かくて「方法論」の本質的な特徴は、「古人の書物」もしくは権威に頼ることなく、自然的な「理性」もしくは「良識」に訴えるということである。そしてそれは民主主義の精神にほかならない。

デカルトによると良識は万物のうち最も善く分配されているものであり、理性は万人において自然的に平等である。そこでデカルトは従来の学者の貴族的な言葉を棄て、市民的生活において使われている言葉で彼の哲学を述べた。商人の言葉、婦人の言葉は、今や哲学の言葉となったのである。総《すべ》ての人間は自分自身で考えることができ、学者の意見を自由に検討することができる。

「方法論」において初めてフランス語は全く近代的な均衡と調和とを得たと云われ、その文章は今日も散文の模範とされている。この書物はそれ故にフランス語とフランス文学の歴史において勝れた位置を占めるものである。しかしこの書物の意味は決してそのことに尽きていない。それは実に社会的な、政治的な意味を有する大きな革命を為した。それはラテン語の、伝統の、権威の「神秘を冒瀆した」。サン・シモン、シェイエース等の社会学や政治学の精神的父はデカルトであると云って好いであろう。

普通には、デカルトはフランスの政治思想の発展に殆《ほと》んど寄与するところがなかったと見られている。実際、彼は政治学について本も書いておらず、組織的な意見を述べてもいない。彼の生活は専ら思索に捧げられた。思索に必要な孤独を得るために彼は知人の来訪を避け、宿所を屢々《しばしば》転ずることによって身をくらませた。「善く隠れる者は善く生きる」というのが彼の生活方法であった。もっとも彼は隠栖家というのでなく、彼が好んだのは大都会の中の生活が可能にするあの孤独である。彼が行為の暫定的な規則として書いた有名な文章を見ると、彼が極めて穏和な市民であって、革命的実践家の気質を持っていなかったことが判る。デカルトが政治的であったと云うことはできないであろう。

しかしながら彼の「方法論」に現われた全く革新的な哲学、あらゆるものを疑う自由な精神、ただ理性の指導にのみ従う合理的精神、そして良識はすべての人間において平等であるという思想、これらのものこそ実に近代民主主義の根本精神である。デカルトと民主主義との関係は極めて深い所に横《よこた》わっている。

エリザベルトへの書簡の中でデカルトは書いている、「自分を公衆の一部分と考えることによって世間の人に対して善を為すことを悦びとし、必要があれば他人のために自分の生命を擲《なげう》つことさえおそれない」、と。また他の書簡の中では、「自分の住む国の安寧と平和とのために自分の有する僅かな手段によって寄与するということは各人の義務である」、と彼は云っている。これらの言葉の中から響いて来るのは民主主義の思想であろう。伝記者の記すところによると、デカルトは工芸に対して特別の興味を持ち、自分で職工となる考えさえあったということである。彼は職工に学問を授ける必要を考えた。また彼は「社会的生活においては友愛よりも大なる善はない」とも云っている。かくてデカルトが封建的貴族的意識から解放された民主主義的な思想を持っていたことは明かである。

知識階級と伝統の問題

一

どのような問題を考えるに当っても、その問題が提出されている状況に就《つ》いて考えることが必要である。ここに状況と謂うのは二重の意味のものである。第一にはその問題が投ぜられている客観的情勢であり、第二にはその問題が与えられている主体的状態である。これら二つの事柄は固《もと》より相関聯しており、客観的情勢は主体的状態に影響し、逆に主体的状態は客観的情勢に作用する。そして問題そのものに就《つ》いて云えば、少くとも相対的には、或《あ》る問題は謂わば強制的に客観的情勢から課せられ、他の問題は謂わば創意的に主体的状態から発するというような区別が認められる。しかしながら前の場合にもその時の主体的状態に就《つ》いて考えることが必要である如く、後の場合にもその時の客観的情勢に就いて考えることが大切である。かくして問題はつねに、相関聯する二重の意味における状況——これが真の意味における歴史的状況である——の中で現実的に考察され、客観的に計量されると同時に主体的に評価されねばならぬ。問題そのものが抽象的であるか具体的であるかを議論することは無意味である。それ自体としては具体的であるかのように見える問題も、一定の歴史的状況においては却《かえ》って抽象的であったり、反対に、それ自体としては抽象的であるかのように見える問題も、一定の歴史的状況においては却《かえ》って具体的であったりすることがあるのである。一つの例を挙げれば、かのヒューマニズムの問題の如き、抽象的であると云われたり、限定を要求されたりしたが、しかしそれは一見抽象的である故に却《かえ》って日本的現実のうちにおいては具体的な意味を有するのであって、日本的現実という歴史的状況から離れてそれが抽象的であるとか無限定であるとかと云うことはできない。抽象的具体的という言葉をもって物を評価するのが自明のこととして慣例的になると共に、何が抽象的で何が具体的であるかに就《つ》いての反省が次第に失われて来てはいないであろうか。

ところで最近我が国の知識階級の間においても民族と伝統の問題が著しく関心されるようになった。この問題はもちろん重要である。民族的なもの、伝統的なもの、日本的なものと云えば、直ちに反動であるとか復古主義であるとかと云う公式論に我々は与《くみ》しないであろう。公式主義の流行そのものが実は我が国においては理論の伝統が乏しいことを語っている。それは一つの日本的性格、即ち結論と実際的帰結とを性急に求めるという性格を示しているとさえ云えるであろう。民族の問題は謂わば精神の問題であるよりも身体の問題である。民族の問題を無視する公式論は、それ自身、精神のみあって身体のあることを知らぬ一個の精神主義にほかならない。伝統主義者は精神主義者であると云って彼等に反対する者は、かくの如き公式論の別の意味における精神主義にみずから陥るべきでない。いま民族と伝統の問題に対して正しい立場を見出すためには、先《ま》ずこの問題が置かれている歴史的状況を観察することが必要である。その際、客観的情勢に就《つ》いて考えねばならないことは固《もと》より、特に大切なのは主体的状態に就《つ》いて考えるということである。

現代の客観的状況から見れば、民族と伝統を力説しているものは周知の如くファッシズムである。今日我が国において民族とか伝統とかが斯《か》くも喧しく云われるようになって来たことは、いずれにしてもファッシズムの影響に基いている。言い換えれば、現在民族や伝統を強調することは何等「日本固有」のことでなく、従ってそのことが果して真に日本的伝統に忠実な所以《ゆえん》であるかどうかということさえ問題である。民族主義伝統主義は現代の一つの世界的風潮であり、それ故に日本主義そのものにしても世界的に、世界史的に考察されねばならぬものである。ともかく今日かくの如き客観的情勢が存在する以上、民族とか伝統とかを特別に問題にする場合、その主観的意図が何処《どこ》にあるにせよ、社会的にはファッシズム的に受取られ、ファッシズム的に作用する危険のあることは否定し得ないであろう。人間は社会的動物であるとすれば、自己の言動の社会的効果を勘定に入れて考えなければならぬ。ただ意志さえ善ければそれで善いという「心情道徳」は社会人の良心としては不十分であることを免れない。人間は政治的動物である限り、自己の言動の社会に及ぼす結果に対して責任を負わねばならず、それに就《つ》いて予《あらかじ》め可能な範囲の考慮を払うという、マックス・ウェーバーの所謂《いわゆる》「責任道徳」が要求されている。何事も人情的であることを貴ぶ我々のモラルの伝統は美しいものに相違ないが、そのために我々には責任道徳の思想が欠けているとすれば、この伝統もそのまま継がるべきではないであろう。今日民族や伝統に就《つ》いて語ろうとする者は、政治的勢力としてのファッシズムに対する責任道徳的問題を度外視してはならぬ。

固《もと》より、ファッシズムが民族の伝統を重んずるということと、我々の民族の伝統そのもののうちにファッシズムになり得る傾向があるということとは、別の問題である。そこで先《ま》ずファッシズムはそれ自身一個の外来思想に過ぎないということを述べ、次に日本民族の伝統を論じて、この伝統のうちにはファッシズムになり得る傾向が存在しないということを明かにし、かくしてこの国の民族的伝統の立場からファッシズムに反対することも可能である。一部の自由主義者がまさにかような態度をとっている。それは今日の客観的情勢に対する民族的伝統の一つの評価の仕方を現わし、且つそれはファッシズムの最も重要視する民族的伝統そのものを武器として逆にファッシズムを撃とうとする点に特色がある。その方法はファッシズム批判にとって一見甚だ有力である。しかし、その際日本的性格として挙げられる種々のこと、例えば、日本人は実際的であってつねに中庸を執る故にファッシズムの如き極端な思想は受け入れられないとか、日本人は唯一つの神でなくて多くの神に仕えることをつねとする故にファッシズムの如き独裁主義は適しないとか、等々のことがたとい真であるにしても、そしてそれが真である限り日本的性格に就いてのかかる考察は現在の政治的情勢の批判として有意義であることを失わないにしても、民族と伝統の問題に対するかくの如き態度には理論的にも実践的にも弱点がある。ひとはそのような説に反対して云うであろう。ファッシストと見做される日本主義者自身でさえ、日本主義は独特のものであってファッシズムとは異ると主張しているではないか、日本の民族的伝統のうちにファッシズムへの傾向が存しないと述べることは却《かえ》って日本主義者のために彼等が現実に為していることに対する好都合な弁解の方法或《あるい》は遁辞を提供することになりはしないか。また仮に過去の日本にファッシズム的なものへの傾向が見出されないとしても、そのことは現在の日本にファッシズムが生じないという保証とはならない。どのような民族も歴史的に変化する、歴史の新しい条件のもとにおいては過去の美しい伝統も破壊される。ファッシズムは過去にあったようなものでなく、まさに現在のものである。現在の日本の現実のうちにファッシズム的本質のものが存在することは蔽い難い事実ではないか。現在が過去と単に連続的であるかのように考えるのは伝統主義の理論であり、その実践的帰結は復古主義である。しかもそれら自由主義者の民族性格論は消極的な復古主義にほかならず、彼等にとって好ましからぬ現在の現実から眼を外らせて、過去のうちに慰めを求めようとするものである。単に過去から現在を見るというのは悪しき歴史主義である。かような歴史主義は、その本質上観想的であって実践的でないということと関聯して、現実が困難になればなるほど、現在から過去への逃避となって現われるのがつねである。一見ファッシズム批判的な今日の民族伝統論のうちにも現実回避の傾向が認められるであろう。我々は歴史に就《つ》いての単なる連続観に同意し得ないと共に、歴史は単に過去からでなく却《かえ》って現在から考えられねばならないと主張する。

かようにして右の見解はそのまま承認し難いにしても、それが現代の客観的情勢としてのファッシズムとは反対の関心から民族と伝統の問題を捉えているということに注意しなければならぬ。そこで我々は我が国の知識階級が現在更《さら》に他の如何《いか》なる立場から同じ問題に関心しているかを検討してみよう。これはとりもなおさず今日の知識階級の主体的状態の分析である。

二

その一つは謂わば気分的なもの、雰囲気的なものである。現在のファッシズム的な政治的圧力にひしがれた人々は現実から退いて自分自身に還って来る。ちょうど都会における闘いの生活に破れ、傷つき、或《ある》いは倦み、疲れ、或《ある》いは絶望した人間が自分の故郷に還って行くのと同様である。現実とは我々がそこへ出て来て闘っている場所である。そこから人々が還って行く故郷とは民族的なもの、伝統的なもの、日本的なものである。彼等がファッシズムを積極的に支持していると云うことはできない。寧《むし》ろ種々の理由によって闘い

――そのうちにはファッシズムそのものに対する闘いさえも含まれている――から遁れて還って来る時、彼等は謂わば全く自然的に、自分の故郷として、休息所として、民族的なもの、伝統的なものを見出すのである。現在の客観的情勢としての民族と伝統の高調は彼等がそこへ還って行くのに好都合な条件を与えている。そのうえ、この「還る」という気持は日本的伝統的なものである。それは東洋の「自然」の形而上学に基いた一つの根本的な生活感情である。かくの如く伝統的なものへ還って行くということに対して理論的支持物となっているのは、近頃の「教養」の思想である。ひとは云う、自国の伝統に就《つ》いての教養は我々の忘れていたものであり、少くともこれを補うことは必要である、と。この教養論は直接には右と同様の知識階級の主体的状態の産物でないとしても、それが知識階級の間に拡って行った主なる理由が右の事情に存することは否定できない。教養の必要を説くことはそれ自体としては正しいにしても、この教養論は現代の客観的政治的情勢と知識階級の主体的状態とを十分に考慮に入れていないという点において抽象的である。従ってこの教養論は方向を有しないということを特徴としている。何が真の教養であるかは現在の行為の立場から決定されねばならぬ。その場合、これまで教養と見做されていたもの即ち伝統的教養を脱ぎ棄てるということが却《かえ》って真の教養であるということもあり得るであろう。ところで「還る」という一種の情感的な状態から教養を求める者が、おのずから民族的なもの、伝統的なものに就《つ》いての教養に向うことは当然である。我々はこれを簡単に後退とは云わないであろう。東洋的な「還る」を直ちに後退として評価することは適切でない。しかしそれが前進でないということも確かである。それが多くの者にとってかの一部の「転向者」における如く戦敗を記録するものでないにしても、また戦勝を意味するものでないことも明かである。「還る」は東洋的観照の根本的態度を現わすものであって、それが後退であるにせよないにせよ、非実践的であるということだけは争われない。更《さら》にそれはいずれにしても青年性の喪失を意味している。その青年期に好んで西欧的なものを求めて進んで来た人々が、初老の頃ともなれば、伝統的なもの、日本的なものに興味を持ち始めるということは我が国において屢々《しばしば》観察される事実である。それが彼等の知的発展の停頓、活動性の減退の一つの徴候である場合は尠くないであろう。「還る」ということは日本文化の伝統のうちに存する「老境」への道であり、その状態を現わしている。かくして伝統的なものへの帰還は、単に実践の回避であるのみでなく、知識人にとってはまた知的闘争からの撤退である。彼等はこの十余年間特にめざましく自己の生活の指導原理を尋ねて来た。或《あ》る時はそれを得ていたし、或《あ》る時はそれを失ったにしても再び熱意をもって探求し始めたし、また或《あ》る時はこの探求の「不安」そのもののうちにさえ留まろうという悲壮な決意を示した。然《しか》るに今や一方社会的に思想の自由が愈々《いよいよ》狭められると共に、他方そのような新しい指導原理は得られそうにもないという東洋的な諦めが生じ、彼等は知的闘争から身を退いて故郷へ帰って行く。その原因には更《さら》に、客観的に「言論の自由」が存在しないということとは別に、主体的に我が国においては「知性の自由」の伝統が乏しいということも考えられるであろう。思想上の闘いも、闘いである限り、「出て行く」という根本的性格をもっている。闘いを見棄てた者が還って来る場所は故郷であり、それは民族と伝統である。

既に述べた如く、民族的伝統に関心するということはそれ自体としては反動であるのでなく、場合によっては後退と呼ぶことさえ当っていない。しかし右の態度の根本的欠陥は、伝統に対する関係において自主性がなく、決意が含まれていないということである。伝統はつねに教養となり趣味となり得るにしても、教養や趣味は現在の行為、社会的実践並びに文化的創造にとって却《かえ》って妨害になるということも稀でない。伝統も行為の立場から、従って現在の立場から捉えられなければならない。創造には固より伝統が必要である。同時に創造にはまた忘却が必要である。新しい世代が生れるということが文化の発展にとって意味を有するのも、それが創造に必要な忘却を伴う故である。「還る」という東洋的態度及びそこに現われる東洋的リアリズムも、例えば芭蕉の芸術にとっては積極的な意味があったにしても、現在我々のうちにおいて同様の生産性をもって復活し得るであろうか。

ここに我々は日本民族の伝統に対する一つの他の態度が存在するのを見る。これは浪漫主義的歴史観に基礎をもっている。この一派は絶えず「決意」と「系譜」とに就《つ》いて語る。ところで彼等が好んで口にする系譜に就《つ》いて考えるならば、彼等の理論の系譜は決して日本的なものでなく、却《かえ》ってドイツ的であり、ニーチェ、ゲオルゲ及びその一党、即ち今日のナチスにおいて国民的英雄として崇拝されている人々である。彼等はその理論の伝統を本居宣長その他の国学者に溯っていはするが、彼等の英雄的浪漫主義はなんら本居的でなく、却《かえ》って明かにニーチェ、ゲオルゲ、グンドルフその他のものである。彼等もその外観ほど乃至《ないし》は彼等自身が信ずるほど日本主義者であるのではない。彼等の復古精神はニーチェ的なアタヴィズム（先祖返り）の理念を追うものである。彼等の関心するのは嘗《かっ》てニーチェが為したように自己の英雄たちの（主として文学上の）系譜を求めるということである。ニーチェは彼の『ツァラツストラ』の成立時代に「私の先祖はヘラクレイトス、エムペドクレス、スピノザ、ゲーテである」と書いているが、そこには一人のドイツ人に対して二人のギリシア人、そしてまた一人のユダヤ人が挙げられているということは、現在のナチスのユダヤ人排斥に鑑みて注目すべきことである。日本の浪漫主義的伝統主義者も、万葉の詩人や芭蕉と共に、少くともニーチェやヘルデルリンを自己の系譜のうちに加えることを拒み得ないであろう。このことは、言い換えれば、文化の系譜は決して一民族の内部に限られ得るものでなく、却《かえ》って世界的であるということを示している。今日の日本の浪漫主義者はニーチェなどと同様、その精神的貴族主義の立場から、伝統を個々の「英雄」に求めている。従ってそこでは「民衆」は問題でなく、民衆的文化のうちに民族的伝統を探ろうとする者と相容れない立場にある。

私はかくの如き日本浪漫派の運動に何等の意味を認めない者ではない。私はそれを何よりも古典決定の運動として評価しようと思う。実際、日本歴史の如何《いか》なる時代が古典的であるかは、従来多くは曖昧のままに残されている。我々の歴史における古典的時代が決定されるのでなければ、我々の伝統に対する正確な関係は始まらないとも云い得るであろう。伝統はただ伝統である故をもって価値があるのではない。その或《あ》るものは模範として尊重すべきであると共に、その或《あ》るものは寧《むし》ろ敵として拒否すべきである。観念の立場でなく行為の立場に立つ者は審判者として歴史に対しなければならない。その時、我々に最も近い時代が却《かえ》って我々に最も遠く、我々に最も遠い時代が却《かえ》って我々に最も近く、前者は否定され破壊さるべき伝統であり、後者は古典的として再生され復興さるべき伝統であるということがあり得るであろう。然《しか》るにもし歴史の発展が単に連続的であるとしたならば、我々が近い過去を越えて遠い過去に結び附くということは不可能である。そのことが可能であるためには、歴史の一つの時代と他の時代とが単に連続的でなく、却《かえ》って非連続的であるのでなければならぬ。もし今日の日本主義者に、あらゆる西洋的なものを排斥する一方、あらゆる日本的伝統的なものを尊重する風があるとすれば、それは歴史を単に連続的なものと見ることであり、かくては各々の時代が独自のものであるということも理解されず、各々の時代が有する個性を認めないということは真に歴史を尊重する所以《ゆえん》であり得ないであろう。ところで過去の一定の時代を古典的として発見するものは現在の創造的精神であって、懐古趣味の如きものではない。懐古趣味は歴史的相対主義である。西洋におけるルネサンスの創造的精神が古典的ギリシアを発見した。しかもこの場合ギリシア的伝統の復興は同時に他の伝統即ち中世的伝統の否定であったということに注意しなければならぬ。いま日本文化の古典を万葉天平時代に求め、明治の精神は万葉天平時代の精神の復興であると見る説には或《あ》る洞察が含まれていると認めても好い。しかし明治の精神に復古的なところがあったとしても、それは同時に封建的伝統に対して訣別を宣言したのであった。伝統の否定なしには伝統の復興はあり得ない。そして真の復興は過去のものの其《そ》の儘《まま》の復活でなく、却《かえ》って新しいものの創造となって現われる。明治の精神が万葉天平の精神の復興であるとしても、復興されたのはその「文化」であるよりもその「精神」であり、文化の復興としては極めて局限されたものでなければならなかった。文化の意味において古典的とされたのは寧《むし》ろ西欧的なものであった。明治の精神は進んで西洋文化に接触し、これを摂取することによって万葉天平の所謂《いわゆる》「世界精神」（保田與重郎氏）の復興であり得たのである。かくの如く考え来るならば、我々のうちになお最も力強く作用している江戸文化の伝統に対して否定的な態度を取りつつ、一方では日本の古典美に帰ろうとする古典的国粋主義と、他方では直接外国文学に救いを求めようとする直訳的欧化主義とは、今日の日本において対蹠する別の精神でなく、全く同じ表裏の両面にほかならないと見る説（萩原朔太郎氏）にも、或《あ》る詩人的直観力を認め得るであろう。そこに示された現在の日本文化に対する激しい批判の精神に対して我々は同感することができる。しかし二つの主義が主観的にその「精神」において同じであるとしても、客観的に「文化」を生産してゆく立場において我々はいずれの方向に従うべきであろうか。この場合、東西文化の融合もしくは統一の理念が今日もはや「季節はずれ」となっているとすれば、日本的なものの強調は排外主義にならねばならぬであろうか。私はこの一派の人々が決定的に排外主義者であるとは信じ難い。事実は寧《むし》ろ、彼等の浪漫的な主観主義に相応して、彼等にとって問題であるのはつねに精神であり、現代の文化が客観的なものとして如何《いか》なる形式において形成されてゆかねばならぬかに就《つ》いては確乎たる方針があるわけではないのではなかろうか。彼等の立場は根本において歴史的審美主義として特徴附けられ得るものである。歴史的審美主義は本質的に観想的でありまた懐古的である。彼等の古典に対する関係は、実際、かのルネサンスにおけるヒューマニストのギリシア古典に対する関係ではなく、却《かえ》ってヘルデルリンの古典的ギリシアに対する関係に類似している。そこからしてまた、彼等に先立って万葉の古典性を評価した明治の文人が万葉に対する関係と今日の彼等が古典的万葉に対する関係との差異が理解されるであろう。もしも彼等にしてヘルデルリンの生涯の悲劇的結末に或《あ》る歴史的象徴的意味を認めることを拒まないならば、彼等は先《ま》ずヘルデルリンとゲーテとの精神的態度の相違から学ぶことを怠ってはならない筈である。

三

ここに一層穏和な、それ故に一見尤《もっと》もらしい見解が現われている。即ち云う、今日の知識階級における日本的なもの、伝統的なものに対する関心は一個の「平衡運動」（谷川徹三氏）にほかならない、と。蓋《けだ》し我が国のインテリゲンチャは従来あまりに甚だしく西洋的なものを追い求めて来たのであるが、今やかかる行き過ぎに対する平衡運動として日本的なもの、伝統的なものが顧みられるようになったと云うのである。ところでこの見解は歴史理論としては常識的な均衡論にほかならず、弁証法的な見方に対立するものであるということが注意されねばならぬ。社会の危機、文化の危機が間断なく叫ばれている今日、かくの如き均衡論は如何《いか》なる意味を有し得るであろうか。それは一種の自由主義的心情から発したものであることは疑われないにしても、かような自由主義は現実においては不可能にされている。日本主義者は現在、あらゆる西洋的なものを排斥し、手当り次第の日本的なものをこれに対せしめようとしているのである。明治大正時代の社会の安定期においては東西文化の綜合という、ともかく積極的な、世界史的な使命を負わされた理念が掲げられたのであるが、今や我々は文化の均衡というが如き消極的な思想をもって満足しなければならないのであろうか。この均衡論は東西文化の綜合的統一という理念からの数歩退却である。更《さら》に重要なことは、均衡論はなんら文化生産の立場となり得るものでなく、たかだか趣味と「教養」の立場を現わし得るに過ぎないということである。今日の知識階級における日本的なもの、伝統的なものに対する関心がかくの如き教養における均衡運動を意味するとすれば、我々はここにもまた彼等が現在の政治並びに文化的現実に対して如何《いか》に消極的になって来たかを示すに足る事実を見ることができる。

我々は伝統主義者の歴史に就《つ》いての単なる連続観を排斥した。西洋文化の連続性に対して非連続性を日本文化の特質として挙げる者さえ存在する。固《もと》より歴史は単に非連続的なものでない。民族的伝統は我々が勝手に着けたり脱いだりすることのできる外套の如きものではない。今日ひとは好んで明治以後における日本の欧化主義を非難する。しかしながら、あらゆる現実的なものの必然の運命として、西洋文化の輸入にも弊害が伴ったとはいえ、まさにこれによってのみ日本が世界の強国にまで発展し得たということは明かな事実であるのみでなく、他方その所謂《いわゆる》欧化主義そのもののうちにも日本的性格がなお認められ得るのである。西洋文化の移植によって日本人が西洋人になってしまったとは考えられない、既に西洋文化の移植の仕方のうちにも日本的性格が現われているであろう。西洋の近代的文化によって駆逐されねばならなかったのは封建的なものである限りの日本的なものであった。これは当然のことであって、封建的なものは日本文化の発展にとっても制限とならねばならぬものである。我々は日本文化の特殊性を疑わないであろう。ただ我々が不安に感ずるのは、日本的と考えられるものが単に封建的なものに過ぎぬことがないかということである。この不安を除く必要からしても、我々は絶えず我々の文化を西洋文化と対質せしめなければならない。それは西洋文化を単に模倣するためにでなく、我々のうちに残存せる封建的なものを清算するために要求されるのである。ヒューマニズムが唱えられる一つの理由もそこにある。

さて民族というのは謂わば身体の如きものである。我々の身体は社会的身体としての民族の分身と見られることができる。民族は主体的身体的なものとしてパトス的なものである。いまもし民族と文化とを区別して考えるならば、民族の身体に対する文化はその精神の意味を、従ってまたパトスに対するロゴスの意味を有すると見られることができる。民族は身体としての物質の意味を有し、物質はギリシアの哲学者が考えたように可能性の意味を有するであろう。可能性としての身体は精神によって限定されて現実性に達する。しかも精神と身体とは単に連続的なものでなく、相対立するものとして非連続的である限り、一民族はその精神を他の民族の文化から受け取ることも可能である。このことが可能であるのは各々の民族が互に異るものでありながら同時に人類としての統一を有するためである。かようにして明治時代の日本人は西洋文化を移植して自国の文化を発展させることができた。かくして作られた文化と民族との間に何等かの乖離が存在するように感ぜられるとすれば、それは西洋文化がなお身体化され、パトス化されていないことを意味している。然《しか》るにそのことは我が国における西洋文化の伝統が日なお浅く、未だ十分に伝統となっていないということである。この場合伝統とは身体的になった文化、謂わばパトスのうちに沈んだロゴスである。西洋文化の輸入以来、なんら日本独特のものが生じていないとしても、永久にそうであるのほかないという運命にあると考えることはできぬ。我々の任務は今なお借衣《かりぎ》の感ある西洋文化を身体化することであり、それが身体化されて真の伝統となる時、その基礎の上に日本独特のものが生れて来るであろう。民族とは遠い昔にあるのでなく、我々の身体が、我々の現在が民族である。しかも民族は、身体的と云っても単に生物学的なものでなく、却《かえ》って歴史的身体であり、歴史において形成されたものとして伝統的なものをもっている。日本的と云われる伝統は固《もと》より単に身体的なものでなく、そのうちにロゴス的なものを含んでいる。進んで考えるならば、日本的伝統と云われるものも支那文化や印度文化を身体化することによって作られたものである。伝統は謂わば身体或《ある》いはパトスのうちに沈んだ精神或《ある》いはロゴスであり、そこからして伝統は身体的なもの、民族的なものと一緒に見られ、かかるものとしての伝統とロゴス的なものとしての文化との乖離も考えられるのである。実際は支那や印度の文化を吸収している日本の伝統が何か「日本固有」のもの、純粋に民族的なものと考えられるということ、かかる民族的なものと西洋文化とが永久に乖離すべき運命にあるかの如く考えられるということ、などの理由はそこにある。しかしながら民族も歴史的に形成されたものであるように、伝統はもと身体と精神との、パトスとロゴスとの統一として弁証法的なものであり、弁証法的に発展してゆくものである。身体的なもの、パトス的なものとしての伝統は新しい文化によって否定されて更《さら》に新しい伝統が作られる。すべて文化はパトスが自己を否定し、ロゴスにおいて却《かえ》って自己を肯定する時に生れるのである。民族の自己否定を媒介とすることなしには真の民族的文化も作られないであろう。

我々は日本人が日本的伝統に就《つ》いて自覚することの必要を決して否定する者ではない。自覚は如何《いか》なる場合においても大切である。しかしながら伝統の自覚は同時に伝統の批判を含まなければならぬ。それのみでなく、今日我々にとって特に必要なことは、日本的なものの特殊性を知ることであるよりも日本的なものの世界性を求めることでなければならぬ。誰も日本的なものの特殊性を否認しはしないであろう。問題は日本的なものの世界性を求めることであり、このことこそ従来最も欠けていたものである。徳川幕府の鎖国主義のもとにあった日本においては、日本文化の世界性に就《つ》いて反省することもそれほど必要でなかったであろう。然《しか》るに今日、日本が、強国日本として世界史の舞台に登場した時、我々にとって問題となるのは何よりも我々の文化の世界性である。それは単に懐古的な態度においてでなく、寧《むし》ろ新しい文化を生産する立場において問題になって来ることである。且つまたそれは世界史の舞台へ登場した日本において初めて現実的に可能となったことであって、この自覚こそ我々にとって最も必要なものである。古代ギリシアの民族的文化は同時に世界的文化となった。そのことが単に彼等の民族の優秀性に基くものでないということは近代ギリシアの状態を見れば明瞭であろう。古代ギリシアの文化が世界的になり得たのは、それが当時の世界の交通の中心に位し、バビロニア、エジプト、フェニキア、ペルシア、等の文化と絶えず接触したためである。然《しか》るにギリシア文化の正統の後継者と自称するナチス・ドイツにおいては、かかる歴史的事実を無視して、人種主義が唱えられ、一切のユダヤ的なものが排斥されている。今日我々に必要なのは世界史の認識であり、世界史的考察に基いて日本文化の問題を考えてゆかねばならぬ。

日本的知性について

これから本誌に書くものは研究とか論文とかとしてでなく、筆者の感想として読んで戴きたいと思う。もちろん、それが単なる感想以上のものになり得たならば、筆者にとっても大きな仕合せであることは云うまでもない。しかし私はここで何事かを断定的に主張しようとするのでなく、むしろ仮設的なことについて述べてみようとするのである。断定的に書いていることも、必ずしも断定する意味でないと理解して戴きたい。もし私に何か一貫した積極的な主張があるとすれば、仮設的に考えることは意味のないことでなく、そしてそれは、特に我々日本人の場合、今後哲学をやってゆく上に、更《さら》に敢《あ》えて云うならば、文学をやってゆく上にも、大切なことであるという信念である。いったい東洋的といわれる思考の仕方と西洋的といわれる思考の仕方とを比較すると、——これも実はひとつの仮設であるのであるが、——東洋的な思考にはこの仮設的に考えるということが足りないのではないか。哲学においても、文学においても、そのことが感じられるのである。この点から云っても、東洋的な思考は具体的で、西洋的な思考は抽象的であると云い得るのであるが、この仮設的に考えるということが科学的精神なのである。私は西洋崇拝を勧説しようとするものでなくまた東洋的なリアリズムがもっている好いところを理解し得ないわけではない、併《しか》しともかく我々が我々自身の仕方でこの科学的精神をどのように形成してゆくことができるかを試みるということは、我々の文化の発展の為《ため》にぜひ必要なことであると信じている。日本を愛することと日本の伝統に固執することとは区別されねばならぬ。私は成長してゆくものとしての日本を愛するのである。

ところで私がここで述べることは、理論物理学者の仮設というよりも実験物理学者の実験におけるイデーのようなものでありたいと思う。如何《いか》なる実験家もただ無暗に実験するのでなく、つねに或《あ》るイデーをもって実験に臨むのである。このイデーは実験における仮設であり、一般的なものである。しかしこの仮設は或《あ》る特定の現象、或《あ》る特定の場合に関係して具体的な像として彼の頭に描かれているであろう。かように特殊的なものと一般的なものとが結び附いた形が描かれ、かくしてその特殊の現象或《ある》いは場合が典型的なものとして具体的に捉えられているというところに、もし理論家と実験家とを類型的に区別するならば、実験家の特色が存するであろう。しかし如何《いか》なる理論も、結局、実験に落付かねばならぬという意味において、理論家と実験家との区別は相対的である。実験とはイデーに基いて典型的な場合を構成することである。かように一般的なものと特殊的なものとを具体的に結合し、典型的なものを構成するということにおいて、実験家と小説家とは類似している。もちろん自然科学にあっては、そのような典型的なものが「場合」（ケイス）といわれる如くなお抽象的な意味のものであるに反し、文学にあってはそれが極めて具体的なものであるという差異がある。特殊的なものにおいて一般的なものを見、或《あ》いは一般的なものを特殊的なものにおいて具象化して見る能力は構想力と呼ばれているが、かような構想力が作家の能力であることは云うまでもなく、それは実験家にとって、また哲学者にとっても必要である。人間のあらゆる活動において構想力が如何《いか》に大切な意味を有するかについては、いずれ後に詳しく書いてみたいと思う。すでに述べたように、私は私の仮設が実験家のイデーのようなものであることを望んでいるわけであるが、実験そのものは多くの場合において読者の親切に依頼せねばならぬことになるであろう。そのうえ、抽象的な思考に慣れ過ぎた私は実験家の資格すら十分にもっていないかも知れない。しかし一般的な仮設を述べるとき、私はそれから演繹され得る特殊な場合についてできるだけ話したいと思う。もし私の語ることがほんとにイデーの意味をもたないで単なる思い附きに過ぎないようなことがあれば、私はただ読者に陳謝するのほかないのである。

一

この頃河上徹太郎氏などによって日本的知性というものが問題にされている。いったい、知性に日本的とか西洋的とかという区別があり得るか、という議論も成り立ち得る。知性は人間の能力のうちでも最も一般性を有するものであると考えられるであろう。しかしながら、身体から離れた精神がないように、知性といっても、知性そのものが一般にあるのでなく、あるのは或《あ》る特定の人間の知性、或《あ》る特定の民族の知性であると云うことができる。然《しか》るに、この人間といい、民族というものがまた歴史的なものであるとすれば、日本的知性といっても一般的に考えることができないように思われる。一般的に日本的知性といわれ得るようなものがあるかどうか、もしあるとすれば、それは如何《いか》なるものであるかというようなことは別問題として、今日我々が自分のうちに生き残っている伝統を顧みるとき、日本的知性に関係して最も重要な意味をもっているのは心境といわれるものである。心境については、これまで文学の問題としていろいろ論じられてきたが、それは固《もと》より単に文学にのみ関することでなく、日本的知性の問題であり、そして同時に日本的モラルの問題である。

心境と云うと、すぐに何か観念的なもの、主観的なものと考えられるが、単純にかく考えることは間違っている。多くの人がこれに反対して云うように、心境は或《あ》る極めてリアリスチックなものである。心境のリアリズムは何処《どこ》から生ずるのであろうか。そしてそれが極めてリアリスチックなものであるに拘らず、しかもなお主観主義的なものと見られる理由は何処《どこ》にあるのであろうか。

知性の機能は一般に技術と結び附いている。ベルグソンは人間は幾何学者として工人であると云ったが、ともかく知性と技術とが本質的に結び附いたものであることは、西洋的とか日本的とかの区別を離れて、定義的に云い得ることであると思う。ところで技術の本質は、主観と客観とを媒介的に統一するということに存している。技術の媒介を通じて、客観的なものは主観的になされ、主観的なものは客観的になされるのである。指物師の技術は木材という客観的なものを人間化し、人間に適合したものとなして机を作り、逆に人間の欲望や観念という主観的なものはこの机において客観化され、客観に適合したものとなされる。このように技術が主観と客観とを媒介的に統一するということは、西洋的知性に関わると日本的知性に関わるとを問わず、つねに認められることである。

ところで知性は科学的であり、そして科学は工芸と結び附くと考えられるように、技術における主観と客観との媒介的統一は客観の側において、言い換えると物において実現されるのが普通である。一般に技術といわれているものはこれである。しかしながら技術における主観と客観との媒介的統一が客観の側においてでなく、却《かえ》って主観即ち人間の側において実現されるということも可能であろう。

そして心境とはこのように主観と客観との技術的な、媒介的な統一が人間の側において実現されることによって作られるものであると見ることができるであろう。西洋的知性が客観的であるに反して、日本的知性が主観的であるとせられる理由はそこにある。前者が物の技術に関わるとすれば、後者は心の技術に関わる。云うまでもなく、西洋的と日本的との区別はこの場合実験の目的をもって、ただ類型的に或《ある》いは典型的に考えられるのであって、日本においても物の技術が発達しなかったわけではないが、しかしこの国においては心の技術が西洋においてよりも勝れて発達し、その代りに物の技術の発達においては西洋に及ばなかったという差異があるのみである。心境にしてもし右の如きものであるとすれば、それが単に主観的なものでないことは明かであろう。それは技術的なものとしてどこまでも主観と客観とを媒介的に統一することによって作られるという意味をもっている。ただこの統一が主観即ち人間の側において実現されるものである限り西洋的な見方からすれば主観的であると云われるのであって、もちろんそれは他面客観的技術に匹敵するだけのリアリティをもっている人間そのものの側から見れば、西洋的人間がむしろ主観的であり東洋的人間が却《かえ》って客観的であると云うことができるであろう。この場合、客観的ということが西洋的な、科学的な意味において云われるのでないことは固《もと》よりである。それは主観的なのであるが、単に主観的なのではなくて、主観と客観との統一が主観の側において実現されているという意味において主観的なのである。東洋的人間のかくの如き客観性は東洋的な「自然」の形而上学、我々の謂う東洋的自然主義によって形而上学的基礎を与えられている。この形而上学を離れて心境というものも考えられないであろう。

二

右に述べたことが定理であるとすれば、以下述べることはそれの系であり、或《ある》いは例題である。先《ま》ず心境が定理において云った通りのものであるとするならば、それが一人間修業」と云われるものと密接に関係することは明かであろう。心境とは技術的なものである。心境は技術的に作られてゆくものとして単に主観的なものでなく、却《かえ》って客観的なものによって媒介されることが必要である。「苦労する」とはこのことである。苦労するということは日本人の知性とモラルとにとって特別の意味をもっている。その目的は環境を変化することにあるのでなく、むしろ人間を作ること、心境を形成することにある。苦労は外に向って働き掛けることでなくて、忍従することであるのもそのためである。それはどのような境遇の変化をもそのまま受け容れることができる心を作ることである。その技術は主観に従って物を砕いてゆくのとは反対に客観に従ってどこまでも心を砕いてゆくことにある。砕かれた心はどのような物をも自己と統一することができる。人間修業は日本的な智慧と倫理とであるのみでなく、心境文学と云われるものの基礎である。心境文学と人間修業とは不離の関係にあるのであって、心境文学の理念を放棄もしくは克服しようとする文学者が人間修業について語るのは無意味である。或《ある》いは逆に伝統的な人間修業のモラルを放棄もしくは克服するのでなければ、心境小説から客観小説に移ることもできぬと云い得るであろう。人間修業はどのような場合にも必要なことであるとしても、客観小説と心境小説との場合ではその内容が全く変ったものとならねばならぬであろう。芹澤光治良氏が次のように書いている。

「×さんがお茶に来た。×さんは三四ケ月前から日本に来ているフランス人である。林内閣の政綱の発表せられたのを簡単に飜訳して話した。×さんは今度の政変について大変面白い教訓を得たと云っていた。と云うのは日本の知人の誰も彼も、日本の政情についてよく知らないばかりか、どうしたらいいか意見を持っているものはなく、皆、上の方でうまくやってくれるものと信じ切って委せている。総理大臣がきまる、その人が持つ政策がどうであるか内容が解らなくても、その人が生命を惜しまず真剣でありさえすれば、それで信用する。実際、こうしたことが日本的と云うのであろうか、と数日前にアドバタイザーの社説で大体同じようなことを読んだ記憶があるが、外国人は同じような感想を持つのであろうか。×さんはそれから話を続けて、日本では文学でも、内容はとにかくとして、その作者が真剣であると、それが単にポーズだけでも、その作者の芸術まで信用される傾向はありませんかと質問していた。それは日本人の知性と関係はないかとも。味わうべき質問である」(『インテリゲンチヤ』三月創刊号)。

この文章はまことによく西洋的知性と日本的知性との差異を述べていると思う。心境小説とは人間を信頼して書かれる文学である。人間修業によって心境が出来てしまうと、どんなに瑣末なことを書いてもよろしいことになる、その内容は西洋のロマンに云うようなロマン的であることを要しないのである。心境小説は人間に信頼して書かれるのであるから、その形式においても構成的であることを要しないことになる。心境は純粋に主観的なものでなく、すでに技術的に客観との統一が主観の側において出来上っている状態である故に、客観的にはどのように切れ切れのことでも、矛盾したことでも、すべてを自分のうちに呑み込み、主観的にはそこに何等の不統一も矛盾も感ぜられないのである。何でもそのまま呑むというのが日本的知性であり、それの恐るべき現実主義である。

西洋的知性は客観的なものに向い、物の技術は客観的な思想を要求し、この技術はまたその結果として人間から離れた客観的な思想を残すことができる。然《しか》るに日本的知性にとっては客観的な思想そのものはたいして問題でなく、問題はつねに人間である。しかしこの人間を単に主観的なものと考えてはならない。この人間そのものがすでに述べたような意味において客観的なのである。西洋的人間は主観的である故に客観的な思想に頼ることなしに生きてゆくことができない。日本的人間は客観的である故に思想は問題にならず、人間的に一致することができれば、思想を全く異にする者も完全に握手することができる。あらゆる思想を呑み得るということが日本的である。人間の生活は本質的に技術的であるが、西洋的知性と日本的知性とはその技術を実現する場所が違っている。心の技術は一般的な思想をそのものとして外に残すことなく、却《かえ》って一般的な思想を人間化し、身体化することが日本的知性にとっては問題である。日本人が実際的であると云われるのも、東洋の学問は実学であると云われるのも、そのためである。それは所謂《いわゆる》プラグマティズムの如きものでなく、むしろ日本の思想はいつでも身体的であるという意味である。西洋文化は物質的で、日本文化は精神的であると云われているが、その逆が一層真理に近いであろう。

西洋的知性は身体から離れたものとなることができるに反して、日本的知性は身体から離れることができない。しかしまた、この身体のうちへはすでに知性が入っているという意味において身体そのものも精神的であり、これに反して西洋的人間においては身体は精神と対立しているという意味において彼等は精神的でないと考えることもできる。思想が身体化されることは個別化されることであり、日本的知性は完全になればなるほど、その人に即したものとなって一般性を失ってゆく。言い換えると、日本的知性は完成に達すれば達するほど随筆的になり、西洋的知性は構成的に体系的になってゆく。西洋の体系的な思想も日本へ来て、日本的知性に吸収されてゆくに従って、随筆的になってゆく傾向をもっている。日本的思想においては究極において「主義」といわれるようなものは作られず、またそれを必要ともしないのである。

さてかような日本的知性、心境と云われるものが社会的に見れば封建的性質を有することと、また特に鎖国下の日本において作られたものであるという特質を有することは指摘するまでもないであろう。これに対する批判はその特徴附けのうちにおのずから含まれているであろう。しかし右に述べたことが凡《すべ》ての歴史的時代における日本的知性の本質であると考えることは避けねばならぬであろう。嘗《かつ》て私がかかる自然主義に対してヒューマニズムとは抽象的なものに対する情熱であると云った意味もこの小論によって理解されたであろうと思う。

時代の感覚と知性

すでに我々の年配の者にとって今日の青年男女の心理を理解することは容易でなくなっている。我が国においてはそれほど世代の相違は著しいのである。この一二年の間青年に就《っ》いて、恋愛や結婚に就《っ》いて、また道徳に就《っ》いて頻《しき》りに書かれたが、それらの議論が今日の青年男女の心理もしくは生活感情に就《っ》いてどれだけ深い理解の上に立ってなされたか、疑問である。青年男女に対して上からの議論をすることが今日ほど容易な時代はない。しかし同時に彼等に対して下からの議論をすることが今日ほど困難な時代もないであろう。ところで道徳とは何よりも習性のことである。それ故に彼等の心理の理解なしに彼等の道徳を説くことは不可能であり、また無意味でもある。

誰も今日の青年男女を容易に非難することができる。ひとは例えばよく云っている、彼等には真面目さが足らない、と。もし実際に、彼等に真面目さが欠けているとしたならば、それは道徳的に根本的な問題である。如何《いか》なる場合にも真面目さを除いて道徳は考えられないであろう。しかしながら真面目という観念そのものが昔と今とでは変っているのであり、従って今日の青年男女の真面目さを古い観念で律することが間違っているのではないであろうか。古い観念に依れば、真面目とは苦行することであり、刻苦勉励することである。苦しみの刻まれていないような真面目さというものは考えられなかった。顰《しか》め面が真面目さの本物の表現であった。しかるに今日の青年男女はもはやかような苦行のイデオロギーを受容れないであろう。とりわけ日本の女性は永い間封建的な道徳に縛られ、苦行し忍従することが唯一の道徳であるかのように教えられてきたのであるが、新時代の女性はもはやかような道徳に服することを欲しないであろう。それだからと云って彼等は不真面目であると考えねばならぬであろうか。

スペインの哲学者オルテガは歴史の基礎として世代を考えたが、彼に依れば、新しい世代の一般的な特徴は「スポーツと明朗性とに対する感覚」である。これが若い人の世界感覚と生活感情とを現わしている。「十九世紀は徹頭徹尾労働日の汗の臭いがする。今日では青年は全生涯をのんびりした休日にしようと思っているように見える」とオルテガは云っている。例えば美的領域における老人と青年との間に存する疎隔は、手のつけようがないほど根本的なものである。老人には新しい芸術は「厳粛」を欠いているという理由で喜ばれない。ところが青年にとってはこの欠陥が却《かえ》って芸術の最高価値なのである。労働というのは、一定の究極目的に向けられた義務的な労作である。労働においては苦労は仕事の究極目的によって意味と価値とを得る。しかるにスポーツというものは、課せられた命令から生ずるのではなくて自由な浪費的な衝動として生命の力から湧き出てくる別の型の緊張である。労働とは反対にスポーツにおいては自発的な力の浪費が結果を高貴ならしめる。老人の道徳的イデオロギーはスポーツをも労働にしようとする。これとは逆に、労働をも出来ればスポーツにしようとするところに青年の新しい意欲がある、と云い得るであろう。苦行のイデオロギーは取り除けられる。労苦の真面目さにスポーツの真面目さが代るのである。明朗性こそ最高の真面目さである。

また今日の青年男女に就《つ》いてその功利主義的傾向が非難されている。しかしかように非難する者も、若い人の功利主義がそれほど根柢の深いものでないことを認めている。そして実は、刻苦勉励のイデオロギーがむしろ功利主義的なのである。ひとは最後に至って漸《ようや》く到達される結果を目的として刻苦勉励する。そこには結果をのみ問題にする功利主義が潜んでいる。しかるにスポーツ的な力の行使においては、この力の行使そのものに魅力があり、価値が認められるのである。生活に対して多かれ少かれスポーツ的な感覚を持っている今日の青年男女の生活態度を単純に功利主義と呼ぶことはできない。なるほど彼等の生活態度は著しく経済的になった。しかし「経済的」ということと「功利的」ということとは区別されなければならない。両者を混同乃至《ないし》同一視したところに、その実は功利主義的でありながら功利主義的であることを極端に排斥している古い道徳の欠点がある。或《ある》いは、等しく功利主義であるとしても、古い道徳は信用経済の発達していない時代に属するに反して、今日の青年男女の道徳は信用経済という新しい制度に相応している。言い換えれば、功利主義も後の場合には前の場合よりも一層「経済的」になっている。

かようにして新しい道徳は現代社会の中から若い世代の新しい時代感覚に基いて作られる。苦行のイデオロギーは今日の社会的並びに文化的進歩のために根柢のないものにされている。例えば現在、出版の発達、図書の普及などによって、一つの語学、一つの学科を学ぼうとする者は、以前の人に比して遥かに有利な事情にある。私が哲学の勉強を始めたのはあまり古いことでもないが、その頃は、外国の哲学書の飜訳の存在するものは稀であり、また日本人の書いた哲学の本や論文も極めて少かった故に、否応なしに外国の原書に就かねばならなかった。しかるに現在では事情は甚だ異っている。以前の人が苦しんで得たものを今日の青年男女は楽に得ることができる。彼等がそれを楽に得ており、或《ある》いは得ようとしているからといって、彼等を叱責し、恰《あたか》も飜訳書も日本人の著作も存在しないかのように、彼等が苦労するのを求めることに意味があるであろうか。ところが事実は、今の若い人に真面目さが足らないと云って非難する年長者の気持乃至《ないし》態度には層々《しばしば》これに類することが存在するのではないかと思われる。苦行をもって道徳と考えるイデオロギーが知らず識らずそのうちに忍び込んでいるのである。何よりも機械の発達が新しい時代感覚を作り、これによって現代人の心理や習性は著しい変化を受けるようになった。

苦行の道徳は静的な道徳であり、不動性の道徳である。僧堂における生活がこれを象徴しているであろう。単に道徳のみでなく、これまで幾世紀もの間、世界の印象は不動性もしくは固定性の感覚によって形作られ乃至《ないし》織りなされてきた。しかるに今日我々にとって世界の印象は一変した。フランスの学者ストロウスキーが『現代人』という書物の中で述べているように、今日の世界感覚にとっては速度というものが決定的に重要な意味をもっている。自動車、飛行機、その他の発達によって、世界は新しい相貌のもとに我々に現われるようになった。走る汽車の窓に映る風景、走る自動車の中から見られる街の光景は、坐って眺め入っている場合とは全く違った印象を与える。飛行機の旅行者が彼の眼の下に展げられた大地を見る場合、彼の認める地球のこの部分は、地理学者の教えるように凸面に見えもしなければ、また我々の日常の感覚が教えるように平面に見えもしない、それは凹形に見えるのである。かくして「人間は、古い印象を運動の印象によって置き換えた」とストロウスキーは云っている。そこから今日の若い人にとって新しい美学が、そしてまた新しい道徳が生れてくる。スポーツの感覚といわれるものもかような運動の感覚と別の物ではない。運動の感覚においては、その到達点のみが問題になるのでなく、過程そのものが重要である。坐って眺め入る者にとっては、現象の背後に隠れた何等かの実在を考えることも可能であろう。しかし運動の中へ運び去られた人間にとっては、この動く物の背後に何等かの実在を考えることは不可能である。動く世界のうちに住む人間にあっては彼等の生活そのものが動的である。昔の人が静観において実在に接触しようとしたのに反して、今日の青年男女は運動の感覚なしに生命の感情を持つことができない。昔の人が鏡のように動かないものにおいて明朗性を表象したに反して、今日の青年男女は動くものにおいてこそ明朗性を感じる。彼等は彼等の新しい感覚に従って世界のうちに、彼等自身の生活のうちに絶えずリズムを求める。かようにリズムを求めるということが新しい生活技術である。今日の若い人は如何《いか》に音楽を熱愛しているであろうか。これは我が国においては比較的新しい、注目すべき現象である。単に音楽のみでなく、映画の如きも同様であって、運動の感覚が新時代の感覚であると云うことができるであろう。静的な道徳は動的な道徳によって代られねばならなくなっている。

昔の人から見れば、今日の若い人はみな享楽的であると見えるであろう。苦行のストイシズムから見れば、彼等はすべてエピキュリアンであると考えられるであろう。そして彼等は屢々《しばしば》そのように非難されている。しかしながら、前に功利的と経済的とを区別したように、ここでも享楽主義と「生の悦び」とを区別しなければならない。我々日本人は永い間の封建的な道徳の桎梏のもとに生の悦びというものを知らなかった。殊《こと》に女性においてそれが甚だしかったであろう。生を楽しむということはそれ自身が何か罪悪であるかのように考えられ、少くともそれは公然と求めらるべきことでなく、秘密に求めらるべきことであるかのように考えられた。それが却《かえ》って頽廃の原因となったということもあったのである。生の悦びが公然と求められ、公然と表現される傾向に向ったのは日本においては比較的最近の出来事に属している。ここにも我々は新時代の意欲を認めることができる。

かようにして新しい心理、生活感情が生れている。新しい道徳はそのうちに築かれてゆ自分が自分自身に対する関係において。他は自分と社会との関係において。そして二つの事柄はもとかねばならぬであろう。この場合、問題は二つの方面から考えられる。一つは自分が自分自身に対する関係において。他は自分と社会との関係において。そして二つの事柄はもとより無関係ではない。

古い道徳、何よりも苦行のイデオロギーは破壊され、生の悦びに対する積極的な意欲が現われてきた。それは人間の解放にほかならない。ヒューマニズムという言葉が人間の解放を意味する限り、それはヒューマニズムの基礎である。しかしヒューマニズムという言葉は教養を離れて考えることができず、そして教養ということの根本的な意味は人間形成ということである。真のヒューマニストは、ちょうど芸術家が作品を形成してゆくことに悦びを感じるように、人間を形成してゆくことに悦びを感じるものでなければならない。自分を形成してゆくということは自分に秩序を与えるということであり、この秩序を与えるものは知性にほかならない。秩序を求めるということは知性の訓練に従うということである。秩序の知性を除いて真の明朗性はない。笑いは人間に最も特有な表情であると云われているが、動物とは違って知性を持つ人間にして笑いを持ち得るのである。知性の本質は秩序の意識である。知的な女性は最近次第に殖えてきたと云われている。しかしながら、もしその知的という意味が単に知識をたくさん詰め込んでいるという意味であるならば、それは却《かえ》って無秩序を意味し、従って真の知性からはむしろ遠いことともなり得るのである。知識と知性とは一応区別されることが必要である。知識によって感情を否定することが問題であるのではない。いな、人間の感情というものが否定され得るように考えることは間違っている。知識は感情の破綻に対して十分な保証となり得るものではないことは、人生の経験においてあまりに屢々《しばしば》示されている。普通には知的とは云われていない婦人のうちに却《かえ》って知性の完全な人が存在することを我々は知っている。また知的な女性と云われている人の中には、合理的なものを徒《いたず》らに前面へ押し出すことに努め、人間として誰もが持っている非合理的なものをそのまま隠しておこうとする人がある。しかし隠されていたものは何時《いつ》かは自分を裏切ることがあるであろう。非合理的なものを抽象的に否定する合理主義が必要であるのでなく、非合理的と云われるもののうちにも秩序を、いわゆる「感情の論理」を認めてゆくことが大切なのである。自分を知性の訓練に従えるということは、苦行の道徳とは同じでない。近代的なスポーツも知性と訓練とを必要とするのを知ることが新しい道徳の端緒であると云えるであろう。感情を否定する知性、即ち剛直な、固定的な、静的な知性は近代的な運動の感覚とは相反するものである。知性そのものが運動的になり、感情の隅々にまで入り込んで秩序を形作ってゆくということが現代人にふさわしい道徳である。知性を固定的なものと見ることは古い静的な見方に属している。若い人は彼等の生活感情に従って知性の新しい活動の仕方を発見してゆかなければならない。

今日の青年男女は新時代の感覚、スポーツと明朗性とに対する感覚、生の悦びに対する意欲等を否定することに道徳があるかのように考えることを欲しないであろう。却《かえ》ってそれらのうちに現われた新しい人間性の解放を積極的に要求することのうちに新時代の道徳が求められねばならない。しかしながらそこにも知性が働くことが必要である。労働をもスポーツの如くにしようとする彼等の意欲に反するものが現在の世の中には存在し、労働の強化は益々《ますます》甚だしくなりつつありはしないであろうか。今日の社会科学が「労働」を根本的な問題にしているのは、昔の道徳のように労働を神聖化していることによるのでなく、却って《かえ》「労働」を排棄せんがために、いわば労働をスポーツ化せんがためにである。それはもちろん働くことをやめようとするのではない。むしろ働くということが「労働」というような形式から脱却することを求めているのである。労働をほんとに経験したことのない者の陥り易い労働の浪漫主義、或《あ》いはナチスのいわゆる「鋼鉄の浪漫主義」等に対して我々は批判的にならなければならぬ。明朗性に対する感覚を殺してしまうような事情が現在の社会にはあまりに多く存在しないのであるか。新しい時代の感覚の否定を命ずるような封建的な道徳が今日新たに若い人に強要されていはしないであろうか。このような事情において我々をデカダンスから救い得るものは我々の知性、しかも社会に向って眼を開いた知性である。知性は秩序の意識として自分と社会との間に正しい秩序を発見しなければならない。何事も社会に帰して自分のデカダンスを私《ひそ》かに弁護しようとしたり、また社会のことを他人のこととして消極的な独善主義者となったりすることは、すべて秩序の意識の不足に基いている。良識といわれるものはデカルトの思考が明かに示しているように秩序の意識としての知性である。けれどもデカルトが知性や秩序を静的な、固定的なものと考えたのに対して、今日求められているのは動的な知性である。運動の生活感情は社会のうちにおいて初めて現実的である。個人主義的と云って非難される今日の青年男女も、古い世代の人に比して遥かに多くの社会感覚を持っていることを我々は知っている。大切なことは感覚に秩序を与えることであり、それはもはや感覚の問題でなくて知性の問題である。

弾力ある知性

先達《だっ》て「文学界」の座談会で、科学主義と文学主義ということが問題になった。私はその時、いったい近年、なに主義、なに主義と、カタログでも作るように思想を分類するという風があまり甚だしくないかと述べた。この傾向は日本人の名目主義とか形式主義とかに関係があり、ただ結論だけを問題にして道程には興味をもたないということに関係があるであろう。ただ結論だけを問題にするということは科学の精神にも文学の精神にも反することであって、実際家の便宜主義に基いている。実際家の精神は弾力のあるものでなければならぬとも考えられるのであるが、我が国の道徳の伝統には名目主義とか形式主義とかが少くない。あらゆる思想をカタログに作るということは政治主義の影響にも依るであろう。政治にはスローガンが必要だ。歴史的に見ると、なに主義といった名称は反対派によって附けられた場合が多いのであるが、それに政治主義の影響が加わると、どのような思想でもカタログに作らないと承知しないということになる。座談会の席上で、科学主義と文学主義が問題になるのは、現在、評論が作家にとっても評論家相互にとっても役に立たないものになり、不生産的になっているという事情からである、というような話が出たが、それは事実であろう。しかるにこの事実は、あらゆる思想を何等かの名称の抽斗《ひきだし》に入れねば気がすまないという傾向に原因している。

我が国においては洗煉された趣味を有する人は必ずしも稀でない。しかし洗煉された知性を有する人に出会うということは極めて困難である。知性の洗煉には、趣味の洗煉の場合と同様に、余裕が、一種の贅沢が、そして伝統が必要である。しかるに我が国においては近代的な知性は伝統に乏しく、余裕をもたず、贅沢はもとよりない。諷刺文学に対する要求が既に久しく公然と叫ばれているにも拘らず、それが現われないというには理由がある。諷刺は知性の贅沢を必要とするのである。

もしも知性が剛直なものであるとするならば、非合理主義が正しい結論であるかも知れない。

パスカルはデカルトの合理主義に反対して非合理主義を唱えた。しかしデカルトの知性がパスカルの考えたように剛直なものであったかどうか、問題である。懐疑を哲学の方法として発見したのはデカルトであった。剛直になった知性のドグマを破壊したのがデカルト的知性である。

「われは仮説を作らず」とニュートンは云った。ところが伝説に依れば、このニュートンは林檎の落ちるのを見て、宇宙に就《つ》いて大きな仮説を懐くに至った。誰も林檎の落ちるのを見ている。しかし、林檎の落ちるのを見て、更《さら》に高い所、つまり空を仰ぎ、何故に星は落ちて来ないのかと考えた点に、科学者の空想（構想力）がある。ちょうどコロンブスの卵に実際家の構想力が見られるように。

知性の弾力は仮説的に動き得るところにある。この点で知性は空想に似ていると云えるであろう。否、この点で知性は空想によって助けられねばならず、逆に空想も知性によって助けられることが必要である。知性と空想とを全く相反するもの、相容れぬもののように考えることは間違っている。想像は「誤謬と虚偽との主人」である、とパスカルは云った。しかしパスカルほど想像に豊かな人も稀であった。「誤謬と虚偽との主人」であるとした構想力によってパスカルは科学者ともなり、思想家ともなったのである。

知性は仮説的に働くことができる故に、かくてまた空想に結び附くことができる故に、知性は小説家においても欠くことのできぬものとなる。小説をフィクションと云い、またロマンと云うのは何等偶然でない。日本の小説には空想が乏しいと云われているが、それは日本の小説に知性が乏しいということと無関係でない、つまり我々には仮説的な思考の仕方が十分理解されていないのである。

今日、知性が剛直になっているとすれば、それは知性の本性に基くのでなく、政治的熱情の影響に依るのである。

ジードは、自分の書くものが事毎《ごと》に喧しく批評されることを不快がり、そんなに有名でなかった昔を懐しがっている。デカルトは有名になると共に訪問客の襲撃を怖れて、隠れ廻った。「善く隠れる者は善く生きる」とは、彼の格言である。

知識は弱し、ということはいろいろな意味において真理を含んでいる。しかも弱き者が軽蔑されること、今日よりも甚だしい時代はない。この時代において知性は果して尊重されていると云い得るであろうか。

批評は批評を呼んで循環する。一つの批評が書かれると、それに就《つ》いていくつかの批評が書かれ、更《さら》にこれらの批評に就《つ》いて他のいくつかの批評が書かれる。かようなことを考えると、批評を書くのが嫌になってしまう。創作家の特権は、彼が一つの作品を書いた場合、それに就《つ》いて他の創作がなされるということがないことである。批評の循環を好まない者は、自分の批評が創作を生むようなものにすること、或《あ》るいは自分の批評を創作にまで高めることに努力するのほかない。しかるに批評が創作的であるためには、批評は個性的もしくは人間的でなければならないのであるが、今日の我が国においては個性的な、人間的な意見というものはあまり尊重されないようである。

昨年あたりから「科学的精神」ということが頻《しき》りに云われている。それを強調することはもとより全く正しい。しかしこの科学的精神が「科学主義」というものになることは危険である。嘗《かつ》て十九世紀において、科学の実証的精神が「実証主義」によって却《かえ》って害されたことがあるのを想起しなければならぬ。

最近における科学的精神に就《つ》いての議論が主として自然科学の方面からなされ、歴史科学や社会科学の方面からなされなかったことは、不十分であった。筆者たちは恐らく、歴史や社会に関する方面においても同様に科学的精神が必要であることを示唆しようと欲したのであろうが、顧みて他を言うといった感があった。そのうえ我が国には一人のクロード・ベルナールも、ポワンカレも、マッハもいないのである。真の科学的精神が何であるかを、実際に科学に生き、科学の領域において独創的な研究をなした人が教えてくれねばならぬ。「局外批評家」たちの科学的精神に就《つ》いての議論には以前の抽象的な合理主義が目立っていた。

この頃は、アナクロニズムを感ぜしめるものが多くなって来たようである。ファッシズムにはアナクロニズムが多いのであるが、このファッシズムが盛んになって来るに従って、それに対抗するために、一時代前の自由主義や合理主義が、十八世紀の啓蒙哲学や唯物論が頻《しき》りに担ぎ出されている。遠廻りすることも時には必要であろう。しかし遠廻りしているうちに道に迷ってしまってはならない。

アナクロニズムは時間の錯覚であるが、この錯覚が我が国にはいろいろ多いようである。

ヘーゲルとハイデッガーとが恰《あたか》も同時代人であるかのように我が国には入ってくる。文化の混乱、精神の無秩序の原因の一つがそこにある。それは外国の文化を後から取り入れねばならぬ国の悲哀である。そこでは古典と新刊書とが全く同じ態度で迎えられる。従ってそこでは古典が古典として取扱われるということが不可能である。我が国のアカデミーにアカデミズムが存しないということも、かような事情に基いているであろう。

　著者が何気なく書き付けておいてくれたことからヒントを得る場合は尠くない。偉大な書物というのは無駄のある書物のことであり、しかもその無駄がその書物の全体にとって、また読者にとって、結局、無駄でないという書物のことである。我が国にはかような無駄のある書物が極めて稀である。なにもかも綺麗に整理されている。著者がそれを書いてゆくうちに問題になったであろうようなことが、すべて切り棄てられている。つまり我が国には教科書しかないということになる。だから日本の書物には、後から出してみて、自分の研究の材料に用い得るようなものが甚だ少い。我々はただ著者の見解に同意するか反対するかだけであって、読めばそのまま片附けてしまう。文化が蓄積されることの乏しい理由の一つは無駄のある書物が少いことに依るであろう。

　知性は抽象する。しかし抽象するということと問題を切り棄てるということとは同じでない。無駄があってしかもそれが無駄になっていないような物の考え方が必要である。それが知性の贅沢というものであり、洗煉された知性はそこから生じる。知性の訓練の伝統に乏しい所では弁証法ですら硬化し、近年我が国においては弁証法的形式主義が、弁証法的マンネリズムへの堕落が見られる。

パスカルの人間観

「自己を識らねばならぬ。それが真理を見出すに役立たないにしても、それは少くとも自己の生活を規整するに役立つ、そしてこれよりも正しい何物もない」とパスカルは書いている。もしもひとが自己の生活を偶然に委ねることを欲しないならば、自己を識るということはあらゆる人間に必要である。自己認識或《ある》いは自覚は一切の正しい生活の出発点である。

然《しか》らば人間とは何であるか。

「人間は天使でもなければ動物でもない」とパスカルは云っている。「人間は自分が動物に等しいとも天使に等しいとも信じてはならぬ、また彼はその一方のことにも他方のことにも無知であってはならぬ、却《かえ》って彼はその一方のことをも他方のことをも知らねばならぬ。」従来の哲学の或《あ》るものは人間が動物であるかのように考え、また或《あ》るものは人間が天使であるかのように考え、それぞれ原理として来た。それらはいずれも一面的であって真でない。人間の真はその全体性において初めて捉えられることができる。しかも全体性における人間は天使でもなければ動物でもなく、天使であると同時に動物である。かくして人間とは矛盾の存在である。

人間に固有なことは彼が自己意識或《あ》いは自覚を有する存在であるということである。「人間はひとつの蘆、自然のうち最も脆きものに過ぎぬ、しかし彼は考える蘆である」というのはパスカルの有名な言葉である。人間を圧し潰すためには全宇宙が武装するを要しない、一滴の水も彼を殺するに十分であろう。しかしながら、宇宙が彼を圧し潰すような場合にも、人間は彼を殺すものよりも遥かに貴いのである。なぜなら彼は自分が死ぬること、そして宇宙が彼に対して圧倒的であることを識っており、しかるに宇宙はそれについては何も識らないから。自覚によって人間は動物から区別され宇宙のうちひとり卓絶する。自覚的であるということは人間の偉大を意味している。しかしかような自覚において知られるのはほかならぬ人間の悲惨である。何故に我々は一つの球を投げ一匹の兎を追うというが如きことにすら熱中するのであるか。かくも小さな事柄が我々の心を紛すに足りるということは我々の状態が如何《いか》に惨めであるかを語っている。「僅かなものが我々を慰めるのは僅かなものが我々を悩ます故をもってである。」人間はまことに果敢《はかな》無いものであり、人生は不幸に満ちている。かくも不幸な自己について考えることを避けるために人間は様々な慰戯を工夫する。慰戯の現実の理由は人間の状態の悲惨である。パスカルが慰戯というのは単に遊戯や娯楽のみでなく自己の悲惨から眼をそむけるために人間が営むすべての活動を意味している。世間では真面目な活動と見られるものの背後にも自己の悲惨について考えることから心を転じようとする無意識的な動機が隠されていないと云えるであろうか。そしてあらゆる騒ぎの後に我々を待っているのは不幸の絶頂であるところの死である。しかるに人間が悲惨であるということは他方また人間の偉大を示すものでなければならぬ。毀された家は悲惨でない、なぜならそれは自分が悲惨であることをみずから識ることがないから。人間のほかに悲惨なものは存しない。死も動物にとっては自然に過ぎない。「動物にとっては自然であるものを我々は人間にあっては悲惨と呼ぶ。」彼の悲惨を悲惨として感じることはただ自覚を有する人間にのみ許されている。「人間の偉大は彼が自己を悲惨なものとして自覚するところに偉大である。」

人間は悲惨であると同時に偉大である。しかも「悲惨は偉大から従って来、そして偉大は悲惨から従って来る。」自己の悲惨を自覚することは偉大なことであると同時に、自己の悲惨を自覚することは悲惨なことでなければならぬ。ここに我々はパスカルの自覚の性質を知り得るであろう。

自覚は近代哲学の大いなる原理であった。デカルトのコギト・エルゴ・スム（私は考える、故に私は在る）という命題も自覚を表わしたものである。自覚はデカルトにとってそれから確実な明晰判明な他の認識が導き出さるべき基礎を意味した。デカルトの自覚は知的な直観である。これに反してパスカルの自覚は情意的な直観である。偉大と悲惨とは人間のかような情意的な自覚に基いた価値的な規定である。理性は物の価値を定めることができないとパスカルは云う。情意的な自覚によって識られるのは人間の存在の確実性でなく、反対にその不確実性である。人間は天使でもなければ動物でもないというのは、人間は偉大であると同時に悲惨であるということであり、人間が矛盾の存在であることを意味している。「彼が自慢するならば、私は彼を貶しめる。彼が卑下するならば、私は彼を賞める。私は彼につねに言い逆って、かくして遂《つい》に彼をして自分が不可解な怪物であることを知らしめる。」更《さら》に人間の情意的な自覚は理性の客観的な認識が無用であり不確実であることを識らしめる。「苦悩の時にあたって、外的事物の知識は道徳の無智について私を慰めないであろう」とパスカルは書いている。彼の人間観は人間に関する客観的な知識であるのでなく、飽《あ》くまでも情意的な自覚を基礎とする人間の主体的な自己理解である。パスカルは人間を「中間者」として規定した。人間は天使でもなければ動物でもなく、天使と動物との中間者である。しかしこの中間者というのは客観的な量的な意味のものでなく、主体的な性質的な意味のものである。それは人間が矛盾の存在、弁証法的な存在であることを意味している。

パスカルの問題は「自己」である。この自己はまたキェルケゴールの「単独者」の概念に通じている。人間が単独者であるということは死の不安において最も顕わになる。パスカルは云う、「我々は我々と同様の者の社会のうちに安らうことで好い気になっている。彼等は我々と同じに悲惨で、我々と同じに無力で、我々を助けないであろう。ひとは独り死んでゆくであろう。」人間は死すべき存在である。我々はこの悲惨な自己を見詰めることを避けるために、自己から社会のうちへ逃れてゆく。

悲惨と偉大との矛盾は何処《どこ》に説明と解決とを見出すのであろうか。原罪説はそれに説明を与える。即ち人間は偉大なるものとして創造されたのであるが原罪によってこの本性を破壊して悲惨なものとなったのである。そして神と人間との統一であるところのキリストは人間の両重性に対する象徴であり、キリストによる救済に於《お》いてこの矛盾は解決を見出し得るのである。かようにしてパスカルの人間観はキリスト教における原罪説の神話に現実的な、体験的な解釈を与えたものと考えられる。

デカルトとパスカルとは自覚を出発点とした近代哲学の二つの型を示している。もしドイツ哲学のうちに例を求めるならばフッセルの現象学はデカルト的立場を、ハイデッガーの現象学はパスカル的立場を継ぐものと見ることができる。デカルトの自覚もパスカルの自覚も行為的な、社会的な自覚でない。そして現代における彼等のドイツ的継承者たちの立場も同様である。

日本の現実

一

今度の支那事変は日本に新しい課題を負わせた。この課題はもちろん架空の理想ではなく、現実そのものの中から生れたものである。しかし課題は課題として現実に対立する意味を有している、或《ある》いは現実が同時に課題の意味を有するということが歴史的と呼ばれる現実の本質である。現実は課題によって批判され、課題は現実によって批判される。歴史の過程はそれ自身において批判的である。我々は歴史の意識的な分子としてかような批判を理論的に且つ実践的に遂行しなければならぬ。支那事変を契機に我々の前に与えられているのは確かに新しい現実であり、新しい課題である。しかしながら、その新しさを強調することによって、それが従来の歴史の発展から必然的に生じたものであるということを考えるのを忘れてはならない。我々の直面している事態をこの際特に冷静に観察することが必要であればあるほど、そのことを忘れてはならないのである。興奮にあってはただその新しさにのみ心を奪われ易いから。

現在、日本の負わされている課題には種々のものがあるであろう。経済的課題もあれば、政治的課題もあり、文化的課題もある。いま我々が取り上げようとするのは特に日本の思想的課題であり、従ってまた日本の思想的現実である。しかも思想の問題は決して局部的な問題ではない。政治、経済、文化のすべてが思想の問題に関係するということは今日においては殆《ほとん》ど常識となっている。今度の事変にしても、一つの重要な点は思想の問題である。日本の対支行動の目的は爾後における日支親善であり、東洋の平和であると云われる。目的は確かにこれ以外にあり得ない。問題は、そのような日支親善のイデオロギーは具体的には如何《いか》なるものであるか、或《あるい》いは如何《いか》なる内容の思想を基礎にして東洋の平和を確立しようとするのであるか、ということである。我々はすでに数年前からこの問を繰り返し問い続けて来た。我々を満足させ得るような答は果して与えられたであろうか、我々の感ぜざるを得なかった「思想の貧困」は果して救われたであろうか。しかもこの問題は単に日支両国間の関係にかかるのみでなく、日本の立場を世界に理解させる必要が愈々《いよいよ》痛切であると云われる現在、それは国際関係の見地においても重要性を有している。日本の対支行動の善意は我が国民の誰もが黙解している。求められているのは、この「善意」の「思想的」基礎であり「思想的」表現であるのである。

しかるに我々は今日なお、民族主義者と称せられる人の口からさえ、次のような言葉を聞く。曰く、「今回の事変が中国共産党を枢軸とする抗日人民戦線派の進出によって捲き起され、わが国が支那のかかる傾向を事前に阻止し得なかったことは、支那に於《お》いてきずることに成功したのであるが……ことを意味する。ソヴェートの思想は支那民衆を把握し、ここまでひた。否、……支那民衆に対して思想的に……文化工作はこれに対抗する……いなかったのである。……支那に於《お》いて、一部地方軍閥をその政治……持っていなかったとさえ云える……、直接支那大衆に働きかけ、……に置くと云うて捲き起った排日抗日思想に対して、日本はその取締りを支那政府に要求した以外、自らこれに対抗すべき思想政策、文化政策を……していないのである。澎湃とし……かった。これこそ重大な問題ではないか。日支事変はソヴェートのボルセビズムと日本の皇道精神がアジア大陸に於《お》いて争覇しつつあるのだ、と説く論者がいるが、少なくとも事変前の第一段階に於《お》いて、日本は思想戦に……と云わねばならない。況《いわ》んや、反動主義者が考えているような精神……――日本人にのみ通用して支那人や欧米人にはそのままでは理解し難いような精神――が、国内的には兎《と》も角《かく》、国際的舞台に於《お》いて思想戦を演ずるに充分であると考えること自身が、すでに大いなる錯誤なのである。現在の支那に於《お》いてソヴェートは思想を与え、欧米諸国は文化を与えた。これが支那民衆の間に彼等を××せしめる力となっているのである。……残念ながら支那民衆から支持を得るだけの思想も文化も与えてはいなかった。我々はこれを批判するに臆病であってはならない。日本は支那をめぐる思想戦に於《お》いて先《ま》ず敗れたのだ」（門屋博氏『国民思想』十月号）。同じ筆者はさらに云う、「このことは、…………の上では甚だ優秀であるが、…………甚だ××であることを意味する。思想戦、文化戦に於《お》いて……ところを、………に於《お》いて数旬の中に回復しつつあるのだ。然《しか》し、思想戦が終結したのではない。武力戦の後に、更《さら》に広汎な、更《さら》に熾烈な思想戦が残されている」。かような意見はもちろん新しいものではない。それはすでに以前から心ある人々がしばしば云ってきたところである。我々はまた必ずしも筆者の意見に全部賛成するものではない。しかしながら筆者が日本の現実における思想の貧困について語る点には我々も全く同感である。云うまでもなく、日本の政府はこの数年来、思想の問題に対して決して無関心であったわけではない、むしろ熱心過ぎるくらい熱心であったのであり、そのために莫大な費用も投ぜられてきたのであった。しかもその今日においてなお、日本の思想的現実はかくの如きものである。日本精神や日本文化の研究は奨励されてきたに拘らず、思想の貧困の状態は何等改善されていない。いま我々の信念を率直に述べるならば、日本を救い得る思想は支那をも救い得る、否、全世界を救い得る思想でなければならない。最初から「……」という限定の附いた思想は………をも救い得ない。それが現在の日本の現実であり、世界の現実である。

二

支那事変は思想的に見て少くともまず一つのことを明瞭に教えている。即ち日本の特殊性のみを力説することに努めてきた従来の日本精神論はここに重大な限界に出会わねばならなくなって来たのである。そのような思想は日支親善、日支提携の基礎となり得るものでないからである。日本には日本精神があるように、支那には支那精神がある。両者を結び附け得るものは両者を超えたものでなければならない。日本精神は日本人である限り誰もが身につけて持っているものであり、失おうとしても失うことのできぬものである。或《あ》る思想を取り入れることによってそれが失われたかのように見える場合においても、実は、それを失ったのでなく、却《かえ》ってその思想が真に血肉化されていないことを示しているに過ぎない。世界史的に見てファッシズムはイタリアにおいて現われたものであるが、それは単なる「イタリア精神」というが如きものでなく、思想的用語としてもまたかように呼ばれているのではない。コンミュニズムはもとより、国民主義を唱えるファッシズムにしても、世界的なものである。現代において「思想」とは恰《あたか》もかくの如き性質のものであり、その意味においては単なる日本精神……でないとさえ云い得るであろう。日本精神を拡張すれば世界的になり得ると云う論者も多いのであるが「思想」の論理的順序——その発生的順序はともかく——は逆であって、世界的妥当性を有する思想が建設され、そしてその中において日本を生かすというのでなければならない。今日必要とされるのはまさにかくの如き論理的な思想である。それが日本精神から出てこなければならぬものであるにしても、そこには自己をも否定する飛躍的な発展がなければならない。まことに、大思想を有するものにして大国民と云われ得るのである。

あの「持てる国」と「持たざる国」という議論も現在なお行われており、…………客観的根拠をそこに求めようとする者も存在している。しかるに、その議論はだいいち日本的なものでないのみでなく、何を標準として持てる国と持たざる国とを区別するかも、仔細に考えるならば、容易に決定し難いことである。この標準が主観的なものに陥り易いところから、その議論はいわゆる優勝劣敗、…………という思想に変る危険を有するのみでなく、それは根本において自由主義思想を一歩も出ていない。それはせいぜい勢力均衡論に終るのほかないであろう。しかも持たざる国は持てる強国に向ってその持てるところのものを直接に要求するのでなく、却《かえ》ってそれらの強国……対して自己の持とうとする物を要求するのがつねであるから、その議論は植民地再分割論となる。植民地再分割論の是非は姑《しば》らく措くにしても、何等の領土的野心も有せざる日本の対支行動の目標が支那を植民地化することであり得る筈がなく、むしろ欧米の帝国主義による支那の植民地化から支那を救うことが日本の目的であるとせられているのである。すべての民族が各々その生存を完うするということは理想であるに相違ないが、それは持てる国と持たざる国というが如き自由主義思想によって到達され得るものでないことは、自由主義が全面的に批判されている今日甚だ明瞭である。またそのような議論は崇高な皇道精神とはすでに気質的に相容れないものを有する筈である。然《しか》らば、日本精神は如何《いか》なる理論体系によって世界的妥当性を要求し得るであろうか。

いわゆる日本精神、…………、等々が如何《いか》なるものであれ、現在、国際的には日本が世界…………国の一環に属すると見られていることは、好むと好まざるとに拘らず、否定し得ないであろう。国内的には日本主義は…………でないと主張されているにしても、それが国際的には…………であると考えられていることは蔽い難いことであるのみでなく、そのイデオローグたちも日本精神の現代化に当っては外国の…………していることは争われぬ事実である。そして今日の経済的、政治的、文化的段階において、或《あ》る一定の思想について問題になるのは、その国内的意味のみでなくて特にその国際的意味であり、その謂わば秘教的意味であるよりも科学的乃至《ないし》哲学的意味である。ところで、もし仮に日本主義が…………ならないとすれば、日本の対支行動の主なる目的の一つは支那の赤化を防止することにあることが言明されている場合、いわゆる…………も生じ易いことになるであろう。現在の国際状勢において、ソヴエートと世界の民主主義国との提携が屢々《しばしば》行われていることを考えるならば、日本の政治の指導精神の意義を秘教的にでなくて科学的乃至《ないし》哲学的に世界に通用する言葉をもって闡《せん》明《めい》する必要はこの方面からも生じているのである。かくして思想の問題が日本の全現実に関わる重要な課題となっていることは明かである。これに対して日本の思想的現実は如何《いか》なるものであろうか。

三

右の状況に応じて従来の日本精神論は決定的な瞬間に立つに到ったように思われる。それはファッシズムであることを宣言するであろうか。それにとってその他如何《いか》なる飛躍的な発展が可能であろうか。このとき、支那事変の影響のもとに、「東洋思想」とか「東洋文化」とかという問題が新たに日程に上り始めたのも決して偶然ではない。かくて今や「日本的なもの」は「東洋的なもの」にまで拡大されようとしている。これは思想の見地から云えば確かに一歩前進を意味している。しかしすでに東洋的なものにまで拡大された思想は何故に世界的なものにまで拡大されてはならないのであるか。「日本の統一」の存在することは明瞭である。しかし同じように、「東洋の統一」は思想上において、文化上においても存在するであろうか。もしかような統一的な思想が存在するとすれば、それは如《い》何《か》なるものであろうか。東洋を統一する思想は少くとも現在の段階においては世界的な思想でなければならないのではないか。世界を救い得る思想で……東洋をも救い得ないということは真理ではないのであろうか。これらの問題について考察することが我々にとって必要になって来たのである。ここでは簡単にその点に触れておこう。

先《ま》ず日支親善の基礎として持ち出されるものに「……同種」ということがある。しかるに、……………………………存しないことは更めて論ずるまでもない。それは一個の神話であり、神話としても何等………有するものではない。日本人と支那人とは同種であるということは事実に反するのみでなく、同文であるということもまた真ではない。日本人は日本語の一半を支那の文字をもって書き現わしているが、それは支那人が支那語の表徴として同じ文字を使う場合と使い方を異にしている。そして日本語の他の一半は支那語のままの或《ある》いは支那語風のものを単語として用いてはいるが、かような用い方は明治時代になってから寧《むし》ろ多くなったと云われており、実際に日本語化した支那語であれば、仮名で書いてもローマ字で書いても差支えないわけである。両者が全く違った言語であるということが一部分の同文であるということよりも遥かに重要な事実である。しかもその難しい文字のために支那の文化の発達、特に大衆の間における教育の普及が妨げられたということは進歩的な支那人の気附いていることであり、ローマ字運動の如きものも極めて活潑に行われているのである。すでに歴史を有する支那におけるローマ字運動が成功する時が来るとすれば、日支同文などとは仮にも云い得ないことは明瞭である。

それでは東洋思想の統一というものは存在するか。専門学者の説に依れば、元来、東洋という語が一義的なものでなく、歴史においてその意義が変遷している。東洋という名称はもと支那から起ったものであって、明初または元末の頃、南海から船で交通する地方をその位置に従って区別し、東部にあるのを東洋、それより西の方にあるのを西洋と称したことに始まっている。即ち概して云えば、フィリッピン群島方面が東洋、それ以西の群島及び沿海地方、並びにそのさきのインド洋方面が西洋と呼ばれたらしいという。やがて西洋はヨーロッパをも含むことになったが、東洋は後までも狭い範囲に限られ、ただ近い頃になって元来方角違いの日本が東洋と呼ばれる場合が生じた。日本紙を東洋紙、また日本人を悪口して東洋鬼と云ったように、東洋は日本の異称ともなった。西洋はもとより東洋にしても、支那から云えば、すべて蛮夷の地である故に、支那自身は東洋のうちに含めて考えられなかった。日本においては、幕末の頃、東洋という名称は支那をも含むものとして、文化的には寧《むし》ろ支那を中心とするものとして用いられた。この場合、支那人が南海から交通する諸蕃の地を東洋と西洋とに二分したのとは違い、世界の文化国を二大別して考えたのであって、言葉の意味は全く変っている。そのとき東洋のうちにはもちろん日本も含まれるが、それは日本が支那の儒教を受け入れていることから、西洋の技術的文化に対立させて、支那と日本とは同じ道徳的文化を有するものと見られた為《た》めであった。「当時の知識社会に属するものは、西洋の学芸を学んだものでも、其《そ》の思想の根柢には儒学によって与えられた教養があったため、こういう考が生じたのである。だからこれは、幕末時代………思想家が西洋の文化に対立するものを……みずからのみには求めかね、彼等が××していた支那の文化、特に儒教、を味方とし、むしろそれに……しようとしたところから生じたものである、といっても甚しき過言ではあるまい。少くとも、西洋に対抗するに当っては、日本としてよりも所謂《いわゆる》東洋としての方が心強かったのである。そうしてそこに、儒教の教養をうけたものの有っていた思想上の事大主義とでもいわるべきものがある。此《こ》の意義での東洋という語が当時の日本人に於《お》いて始めて意味のあったもの、日本人によって唱え出されたもの、であることは、こう考えると、おのずから明かになる」（津田左右吉氏「文化史上に於ける東洋の特殊性」岩波講座『東洋思潮』）。ところで、日本における東洋という語のかような用い方は明治以後においても継承せられた。しかし西洋に対する称呼としての東洋が支那と日本とのみを指すのでは範囲が狭すぎると感ぜられ、殊《こと》に日本の文化に対する仏教の意義が認められるようになって、インドが重要な一環として東洋という概念の中に含まれることになった。ただその場合においても、日本と支那とインドとを含む東洋が果して西洋の如く一つの世界であり一つの文化を有するものであるかどうかは深く反省されず、非西洋ということを東洋という語で現わしたのに過ぎなかった。そして西洋の文化を逸早く取り入れることによって近隣の諸民族に先んじて近代的発展を遂げるに至った日本において、日本は東洋の先駆者であるとか盟主であるとかという思想も現われたが、その場合に於《お》ける……………………のものであることが多かったということに注意しなければならぬ。例えば、今日なお唱えられている王道政治論などはそれであって、実行的には日本本位であるが、思想的には……尊尚である。また最近我が国において頻《しき》りに云われている「教学」思想の如きものも、元来支那的なものであって、徳川時代の国学者が排斥したのはそのような教学思想であったのである。

四

西洋が全体として一つの世界を形作っていることは一般に認められるところである。それは先《ま》ずローマ帝国において統一され、次にカトリック教会のもとに中世を通じて統一を続けて来た。その文化はギリシア・ローマの古典文化を基礎とし、キリスト教によって普《あまね》く浸潤され、またルネサンス及び宗教改革を経て近世に至ってはそれ自身本質的に普遍的な科学の発達を生ぜしめた。東洋文化にはかような統一が認められるであろうか。津田左右吉博士はこの点について、東洋においては同様の統一は何等存在しないと述べられている。

先《ま》ず支那とインドとでは、風土が違い、民族が違い、生活の状態が違い、その文化はそれぞれ独立に発達し、それぞれ独立の性質を具えている。それは二つの地域を隔離する山地と高原と、並びにそこに居住する種々の未開民族とが両者の交通を困難にしたのと、支那もインドもそれぞれ広大にして豊沃なる平野を有する農業国であり、いずれも自己の世界において自己の生活を営むことができ、互に他に依頼する必要がなかったのとの故である。或《あ》る時代から後には両者の間にかすかなつながりが生じ、仏教の如きはもちろんインドから支那へ伝えられたものであるが、しかしインドの方では支那から何物をも受け入れていないということが注意されねばならぬ。仏教は信仰として学問としても伝えられ、その儀礼や僧団の規律や組織なども学ばれたが、しかし支那に入ったのは仏教に限られ、インドの民族的宗教として重要なブラマ教或《あ》るいはインド教は伝えられず、ただそのうち仏教化されて仏教の中に摂取された部分のみが、仏教として伝えられたに過ぎない。その仏教の与えた感化も局限されていて、民衆の生活に対する影響は微弱であり、また仏教が入って来たために支那における道徳や政治に関する思想が変化したようなことはない。それは、ヨーロッパがキリスト教化され、ヨーロッパ人の思想がキリスト教の上に立てられたというのとは、その趣を全く異にしている。支那において仏教がいつのまにか衰えて来たということは、それが民衆の生活の内的要求には深い関係のなかったことを示すものにほかならぬ。かようにしてインドと支那とを含めた東洋の歴史というものは成立せず、東洋文化というものも××しないと考えられるのである。すでにこの二つを包括するものとして一つの東洋文化というものが××しない以上、更《さら》に日本を加えた意味においての東洋文化というものも××しない筈である。それでは日本と支那とだけは一つの文化世界を形成するであろうか。津田博士は此《こ》の問に対しても否定的に答えられている。日本と支那とでは、民衆が違い、風土が違い、生活も風俗も慣習も社会組織も政治形態も殆《ほとん》ど共通のものがない。もとより日本は古くから……文化を学び、これを××することに努めて来た。支那の工芸、文字、学問は日本に入り、政治上の制度さえも移植せられたことがある。支那化された仏教が伝えられたことは云うまでもない。しかし、かようにして支那の文物を直接に享受したのは主として貴族階級であって、民衆の生活には関与するところが少く、また日本と支那との交通は民衆と民衆との接触ではなかった。支那から移植されたものは時を経るに従って日本人の生活に適合するように変化され、貴族階級において日本化されたものが次第に民衆の間に拡がってゆくと共に一層日本化されて、もはやその淵源が支那にあることすら明かには知られないようになった。そしてそれが民衆の生活の変化として現われて来た。こうなると、支那文化の日本化は単にそれだけのことではなくて、それによって日本の文化が新しく創造されたことを意味する。そしてそこに全体としての日本の民族生活の歴史的発展がある。しかもこの歴史的発展は支那とは無関係に進行して来たのであって、日本と支那とはそれぞれ別の世界であった。日本の歴史は日本だけで独自に展開せられたのである。支那を学んだ律令の制度を漸次破壊していった国民の活動、その活動の一つの現われである平安朝の貴族文化の発達とその崩壊、同じ時代における武人階級の成立、その行動の組織化としての幕府による新しい政治形態の形成、貴族文化の武士化民衆化、戦国時代の出現、その戦乱の状態の固定化としての近世における封建制度の大成、その制度の下における平民文化の発達、或《ある》いはまた封建制度の自己破壊によって生じた武家の政権の覆滅、かような日本の歴史の展開は支那の歴史の動きとは何等の交渉も有しないものである。学問や芸術の方面だけを取り出して見ても同じであって、日本の学問や芸術史は支那のそれらとは全く別個に展開せられた。例えば、宋学とか宋元画とかのように、支那の或《あ》る時代の学問や芸術が或《あ》る時間を隔ててから日本において学ばれるようになったことはあるが、それらの学問や芸術の形成せられた当時の支那の文化の動きは同時代における日本の文化とは全く交渉のないものであり、また日本においてそれらが学ばれるようになったということも、支那の学問史芸術史にとって何の意味もないことであった。要するに日本と支那とを包括する或《ある》いは両者に共通な学問界や芸術界は成立しておらず、従ってそれらは一つの歴史を有しなかったのである。日本の歴史の展開が日本だけで行われた独自のものであるとすれば、その歴史によって養われた日本の文化が日本に独自のものであることは云うまでもない。

かくの如く東洋文化の統一は存在しないとせられる津田博士の説には傾聴すべきところが多いであろう。日本の文化と支那の文化とを同一視してそれを東洋文化と称するのは、日本人の生活そのものを直視しないからであり、支那に対する理解が不足しているからであると博士は云われている。儒教の日本化とか仏教の日本化とかということも、博士は極めて局限された意味においてのみ認められている。我々はこの専門学者の言を信じ且つ尊重すべきである。世間で漠然と考えているような、日本とインドとはもとより、日本と支那との文化的もしくは思想的統一の××しないことは確かである。津田博士が民衆の生活を中心として歴史を見てゆかれる態度にも学ぶべきところが多いであろう。実際、今後のこととしても、日本と支那との間に真の文化的結合が生じ得るためには、両国の民衆と民らない。いずれにせよ、それが日支親善の基調でなければならない。ただ文化の問題を考える場合、博士の方法は民間信仰や民間の慣習などに余りに重きをおかれ過ぎる傾向がある、従来の歴史においては或《あ》る一定の時代の文化とはその時代の……………文化のことであるとして理解しなければならぬところがあり、さもないと文化の直線的な連続的な独立性の方面のみが強調されて、その円環的な環境的な影響の方面が軽視されるという一面性を免れ難いであろう。かように見るとき、支那文化やインドの仏教が日本文化に与えた影響はそれほど低く評価することができなくなる。津田博士はまたその場合、同じ時代の文化の直接の交通ということに余り重きをおかれ過ぎているように思う。そして支那の文化が、それの形成された時代から隔った後においてであるにしても、日本に影響を及ぼしたということがあったとすれば、支那思想と日本思想との間に何か一致するものがあると考えられないであろうか。自分にその何等の素質もない他のものを受け入れることはできない。また両者が異るとかいうことは両者に共通のものがあるということを妨げるものではない。西洋文化の統一と云っても、フランス文化とドイツ文化とがそれぞれ特色を有することを否定するものではなかろう。ただ漫然と東洋の文化的統一を考えることに対して津田博士の批評にはまことに鋭いものがあり、尊重すべき説ではあるが、それを承認しながらなお東洋思想に共通な特色は存しないかという問題が提出され得るように見える。

五

ところでインド思想の支那思想に対する影響は一方的であり、更《さら》に支那思想の日本思想に対する影響は一方的であるとすれば、いわゆる東洋思想を求めようとする場合、それは差し当りインドから支那に入り、支那を通じてまた日本にも来たものに求められねばならぬようである。かようなものは云うまでもなく仏教である。インドの仏教が支那や日本に普及し得たというのは、日本や支那にも仏教を受け入れ得る思想的素質があったからであると考えられるであろう。かくして東洋思想として挙げられるのは、仏教において最も理論的に展開された「無」の思想である。この無の思想は単にインド的なものでなく、まさに東洋的なものであり、その理論化においては支那がすぐれ、その実践化においては日本がすぐれていたとせられるのである。儒教などに比して仏教が日本の民衆の生活の中へ遥かに深く入り込み得たことは津田博士も認められている。しかるにかように仏教が支那や日本に伝播し得たのは、それが「世界的宗教の性質を有し」そのうちには「人類一般の宗教的要求に応ずるもの超民族的世界的要素があったからであり、インド的特色があったためでは無い」（津田左右吉氏）。かくの如くであるとすれば、仏教を東洋的ということすら或《あ》る意味においてはすでに不適当であろう。西洋文化を形成するに与って力のあったキリスト教も西洋人によって「東方からの光」と呼ばれたのであるが、キリスト教自身は東洋的でなく、また単に西洋的でもなく、まさに世界的宗教である。仏教はインド、支那、日本の三国においてそれぞれ特色を有するが、それがかようにインド的でも、支那的でも、日本的でもあり得たのは却《かえ》ってそれが世界的である故である。

しかし今日の仏教は日支提携の基礎となり得るであろうか。仏教は現在の支那においてはすでに衰微してしまっている。日本は世界最大の仏教国であると云われるが、その日本においてすら現在、仏教は知識階級からはもとより大衆からも見はなされつつあるのである。近年わが国において叫ばれた「宗教復興」の如きも、実は、類似宗教の擡頭、邪教の発生以外のものではなかった。そして仏教家は自己の力によってそれらを退治したのでなく、却《かえ》ってただ官憲の力のみがそれらを弾圧し得たのである。かような状態にある仏教に、まして支那において、親善提携の原動力となることを期待し得るであろうか。仏教もただ武力と官憲との行く処に蹤《したが》いてゆくのみではないか。そのうえ、今日の仏教は実は「…………」に化してしまって、その本質たる世界性を抛棄《ほうき》して怪しまないという状態にあることを注意しなければならぬ。更《さら》に不思議なことには、キリスト教は個人主義であるに対して仏教は国家主義であるなどと説く者さえあるのである。西洋の立派なキリスト教国の中にも現在、全体主義や国家主義を唱えているファッシズム国の存在することを知らないのであるか。仏教の無の思想にして初めて国家主義を含み得ると云う者もあるが、かくの如きは却《かえ》って無は無として何とでも都合よく時世に応じて結び附き得るという弱点を現わしているとさえ見られることができるであろう。

「アジアは一なり」というのは岡倉天心の『東洋の理想』の冒頭に掲げられた句である。天心の傑作は『茶の本』であると思うが、その中で茶と道教及び禅道――共に無の思想を代表している――との密接な関係を論じ、「先《ま》ず第一に記憶すべきは、道教はその正統の継承者禅道と同じく、南方支那精神の個人的傾向を表わしていて、儒教という姿で現われている北方支那の社会的思想とは対比的に相違があるということである」と書いている。老子教に関する歴史的穿鑿《せんさく》は姑《しば》らく措いて（例えば長谷川如是閑氏『老子』参照）、それが後の時代において禅と共に「個人的傾向」を現わしていることは事実であろう。支那における宋学勃興の歴史的意義は禅の個人的傾向を「社会的思想」によって超克しようとしたところにあると見られることもできる。無の思想が個人的でなかったとは云い得ないことは確かである。少くとも今日、世間一般に理解されている限り、それは一定の社会思想や政治思想を明示するものではなく、従ってそれのみでは社会や政治に関する指導原理となり得るものではない。ところで「アジアは一なり」という天心の言葉は、その歴史的真実はともかく、一つの神話を現わしたものである。我々はこの神話が全く無意味なものであったとは考えない。現に天心のこの有名な言葉は、インドの志士の間に流布されて、その独立運動のモットーにされたのであるが、丁度《ちょうど》そのことから知られ得るように、この神話はいわゆる白人帝国主義から東洋の民族を独立させようとした時代のものとして意義があったのである。それが日本人の口から出たとすれば、そのとき日本は世界の後進国として西洋に負けないようにし且つ東洋の先達とならねばならぬという意識を表現したものであると理解し得るであろう。しかるに今日においては、日本はもはや何等後進国でなく、却《かえ》って世界の大強国の一つである。そして支那からは、欧米と同じく日本も帝国主義国と見られている場合、日本が「アジアは一なり」というモットーをもって臨もうとすれば、支那人は如何《いか》に受取るであろうか。日本の対支行動の目的が支那を「欧米依存」の迷夢から覚醒させることにあるとすれば、それは具体的には…………………………せしめることでなければならぬであろう。日本自身に何等帝国主義的思図の存しないことは政府の累次の声明によって明かである。それでは資本主義の弊害を是正して日本と支那との「共存共栄」を計り得る思想は如何《いか》なるものであろうか。かような思想が如何《いか》なるものであるにしても、それは単に日支間の関係が求めているのみでなく、日本自身がまた国内において、そして全世界の民衆が等しく求めている思想、即ち世界的思想であるということだけは明瞭である。かような思想を日本は単なる「善意」としてのみでなく、「思想」として、支那人にはもとより世界のすべての人に理解され得る体系として有しなければならない。

ところで他の方面から見るならば、「アジアは一なり」ということはまさに現代において実現されつつある。しかもそれは「世界は一なり」ということを通じて実現されつつあるのであるということに注目しなければならぬ。即ち津田博士の云われる通り、東洋の統一は「西洋に源を発した現代文化、其《そ》の特色からいうと科学文化とも称すべきものを領略する」ことによって次第に実現されつつあるのである。この主張において我々は津田博士の識見に全く敬服する。先《ま》ず日本については、「昔の日本人が書物の上の知識やいくらかの工芸によって支那の文物を学んだのみであって、日本人の生活が支那化したのでは無かったのと違い、今日では生活そのものが、其《そ》の地盤である経済組織社会機構と共に、一般に現代化せられたのである。(此《こ》の差異は日本に於《お》ける現代文化の性質を知るについて極めて重要であるに拘らず、世間ではともすればそれに注意しない。)だから今日の日本の文化は此《こ》の現代文化の日本に於《お》ける現われである。其《そ》の日本での現われであるところに、日本の風土や歴史によって生ずる特殊化はあるけれども、そうしてまた此《こ》の現代化が割合に短日月の間に行われたがために、過去の因襲と奇異なる抱合が生じたり民族生活の深部に徹しなかったりするような欠陥はあるけれども、今日に於《お》いては現代文化、即ち所謂《いわゆる》西洋文化は、日本の文化に対立するものでは無く、それに内在するものであり日本の文化そのものであることに、疑いは無い。そうして其《そ》の意味に於《お》いて日本と所謂《いわゆる》西洋とは文化的に一つの世界を形成しているのであり、日本人の文化的活動は世界史上の活動なのである。」同様のことは支那においても、もちろんその間にかなり大きな懸隔はあるにしても、起りつつあり、進みつつあるのであって、それによって日本と支那とは一つの文化的世界を形成し得るに至りつつあるのである。多数の留学生が支那から日本へ来て学ぼうとしたのも、かような日本における現代文化にほかならない。…………目的は、日本にとって必然的であったように…………必然的であるところの、この現代化、この世界化と××するものであることができない。二千年も昔の、しかも支那で形成された政治思想の如きものを現在持ち出すことに多くの意味があるであろうか。××自身のうちに勃然として起っている現代化への傾向を抑止することは、支那にとっても日本にとっても有利なことではない。もし万一、…………復古的になってゆき、…………現代化を進めてゆくということがあるとすれば、やがて…………代えねばならなくなるであろう。

　東洋の統一というものが考えられるにしても、それも世界の統一の内部においてのみ考えられ得ることである。この統一のために日本や支那が各々の個性を全く失ってしまうことになるのではない。かようなことはあり得ないことである。従来の東洋における統一的思想が無の思想であるとしても――この統一の現実基礎としてマルクス主義者はいわゆるアジア的生産方法なるものを挙《ま》げるかも知れない――、それが現在において力を有するものであるためには、それは先ず世界化されねばならず、特に科学的文化と結び附かなければならない。我々は決して伝統の価値を軽視するものではないが、それが科学、このつねに世界的普遍性を有するものを発達せしめ得なかったところに東洋思想の重大な制限があることは疑い得ない。また我々はもとより単純に西洋思想を取り入れよと云い得る状態にあるのではない。いわゆる西洋思想のうちにも今日種々の対立があるのである。

かくて要するに、日本の現実、東洋の現実は世界の現実である。…………今日においては、世界の思想となり得るものでなければ日本思想でも東洋思想でもあり得ない。過去の東洋思想をいくら拡大しても世界的に且つ現代的になり得るものではない。そこには静止と運動との間におけるような、ただ飛躍によってのみ達せられ得る差異がある。日本と支那との間に「東洋の統一」が民族的にも言語的にも存在しないという事実を憂うるに足らない。世界文化の統一の中においては、日本と支那とがそれぞれの特殊性を発揮するということが、いわゆる東洋の統一よりも大切なことである。

思想の貧困

近来雑誌が面白くなくなったということが殆《ほとん》ど定評になろうとしている。そういえば、面白くなくなったのは雑誌ばかりではないであろう。新聞も面白くなくなったといえるであろうし、学校の講義なども、多分、面白くなくなったであろう。一つの時代の文化の諸部面はつねに共通の様相を示すものである。それ故にその各部面の問題についてすべての知識人が共通の責任において考えて行かねばならない。この共同の責任の自覚が今日インテリゲンチャにとって何よりも必要である。

雑誌が面白くなくなったのは言論統制とか思想統制とかの結果であるといわれている。それはその通りであるということも出来る。然《しか》し統制とは本来何を意味するのであろうか。統制の名において従来論壇で最もはなばなしく活動していた人々がそこから閉め出された。世間ではこれを「執筆禁止」と称しているのであるが、この言葉は恐らく適当でなく、殊《こと》にそれについて法律的に考えるといろいろ問題があるだろうと思われる。専門家の説明が聞きたいものである。「執筆禁止」という言葉はともかく、この頃綜合雑誌の執筆者の顔触れに大分変化が生じたことは事実である。しかし以前の花形に代って新しい花形が現れたようには見えない。言い換えると、真に実力のある新人――年齢だけからかく呼ぶのではない――が出て来てこれまでの人を押し退けたというようには考えられないのである。この一事から見ても、いわゆる統制に積極性の乏しいことがわかる。単に禁圧的な統制が革新の名に値しないように、この統制のために「作られた」新人は真の新人とはいえないであろう。ましてこの機会に旧人が新人らしく振舞うことは、既成政党がそのまま合同して「新党」を作るという最近の運動と同様、いささか哀れを感じさせることである。

過去の歴史を考えて見ると、論壇に新人が現れるのは偶然のことでなく、社会のうちに一定の思想運動が擡頭するとき、これに伴って論壇にも新人が輩出するという風である。デモクラシーの場合がそうであった、マルクス主義の場合がそうであった。新人は単に個人の力によってのみ出るものでなく社会の勢によって現れるものである。ジャーナリズムは絶えず新人を求めているのであるが、それだけで新人が現れるものでない。今日我が国の思想の潮流はすでに著しく変化したといわれている。それだのに未だ論壇に真の新人が現れないのは何故であるか。深く考えてみなければならぬ問題である。

我が国では、少くとも文化の方面においては、統制ということは禁圧ということと殆《ほとん》ど同意義に考えられる傾向がある。かように考えること自身、実は、自由主義的な考え方に基いている。自由主義にとっては統制は禁圧を意味するであろう。しかし統制は本質的にはかくの如く消極的なものであってはならず、却《かえ》って積極的に指導の意味を含まねばならぬ。指導的でないような統制は真の統制ではない。しかるに今日わが国において自由主義を排撃して統制を行おうとする人人の中には、統制が禁圧と同じであるかのように考える自由主義的な考え方に依然としてとらわれている者が多いのではなかろうか。統制といえば直に「執筆禁止」の如きものを考えさせるような文化政策には賛成し難い。

今日の統制に危惧を感じる者に対して、統制は一時的な現象でなく、事変が終れば再び昔のような自由の状態が来ると考えるのは幻想に過ぎないといわれる。確に自由主義の時代は再び還って来ないであろう。歴史は逆転しないであろう。我々は「好かりし昔の日」の夢にいつまでも耽っていてはならぬ。自由主義と雖《いえど》もあらゆる思想に自由を認めたわけでなく、むしろ自由主義の時代には自由主義自身が一つの統制的な力として働いたのである。統制が問題であるのでなく、いかなる思想が、いかに統制するかが問題である。今日統制を行おうとする思想が真に自由主義を越えたものでなく、却《かえ》って自由主義以前の思想に類するということがないか。革新的といわれる思想は社会の現実に対して真に革新的であり、真に「現状打破」的であるか。統制はいかなる程度において下からの統一として統制的であるか。統制は真に指導力を有するものとして統制的であるのか。かような問題について一々具体的に批評的に検討されなければならない。批評の自由はあらゆる統制を排除するために要求されるのでなく、却《かえ》って真に統制力――指導力ある思想を確立し発展させるために必要とされるのである。

あらゆるセンセイショナリズムにも拘らず、今日の論壇には清新さがなくなったように感じられ、そしてそれは批評性の喪失に基いている。批評的精神はつねに清新である。もちろんそれは単に批評のための批評をいうのではない。批評性は指導性もしくは創造性と結び付かねばならぬ。従来の論壇において優勢であった思想がすでに事変前からそのような指導性を失いつつあったことは事実である。それが指導性を奪われるに従ってその批評も抽象的になり、批評は「批評一般」になってゆく傾向が見られ、そしてそこからまた一種のマンネリズムが生じつつあったということも事実である。論壇は夙《つと》に新人を待望しつつあった。しかし新人はその名に値する思想を持って現れて来なければならぬ。思想のない論壇がいかに清新さに乏しいものであるかは、この頃の論壇を見ればわかるであろう。思想ほど清新なものはない。思想家とは無責任な「国策家」のことではない。

論壇はこの数ケ月の間、時世に自己を適合させることにあわただしかった。しかしそれがどこまで深い見通しをもってなされたか疑問である。すべての者が「時局認識」を持つことによって「時局認識」がなくなるというのでは困る。論壇は新人を求めている。

現代日本に於ける世界史の意義

世界史的見方の必要を私が述べるのは今が初めてではない。この事変の当初にも私はそれについて既に論じておいた筈である。その後支那事変の発展に伴って日本に現われた思想の情況を私は努めて虚心坦懐に観察してきたつもりであるが、今に至っても私は私の見方を変更すべき理由を認めない。むしろ私は世界史的見方の必要を益々《ますます》痛切に感じるのである。

現在日本が大陸において行いつつある行動がどのような事情から生じたかについては種々の批判があり得るであろう。しかし時間は不可逆的であり、歴史は生じなかったようにすることはできぬ。そしてもし出来事が最後まで傍観していることのできるような程度のものであるならば傍観していることも好いであろうが、もしそれがあらゆる傍観著を否応なしに一緒に引摺ってゆくような重大な帰結を有すべき性質のものである場合、過去の批判にのみ過すことは我々には許されない。それがどのようにして起ったにせよ、現に起っている出来事のうちに我々は「歴史の理性」を探ることに努めなければならぬ。歴史の理性は当事者の或《あ》る個人、或《あ》る集団、或《あ》る階級等の主観的意図から独立に自己を実現する。マケドニアの王アレクサンドロスの遠征は彼の功名心から出たことであったかも知れない。

しかしそれは彼の崇拝していたギリシア文化の世界化を結果し、ここにヘレネドムからヘレニズムへの、即ちギリシア文化から世界文化への、或《あ》るいはギリシアの古典文化から現代文化への展開という世界史的意味を実現したのである。ケロネーアの戦争はかくの如き時期を劃する出来事であった（坂口昂著『概観世界史潮』四〇頁以下を看よ）。現在起っている出来事のうちに我々は歴史の理性を発見し、これに従って出来事を指導してゆくようにしなければならない。かような理性的意味は直接には発見することができず、その出来事が無意味に見えるということも可能である。しかしそのような場合には尚更《なおさ》らそれに対して歴史の理性の立場から新たに意味を賦与することに努力する必要がある。テオドール・レッシングの言葉を転用すれば、歴史とは「無意味なものに意味を与えること」である。新たに意味賦与がなされることによって不可逆的な時間も可逆的になされる。支那事変に対して世界史的意味を賦与すること、それが流されつつある血に対する我々の義務であり、またそれが今日我々自身の生きてゆく道である。

支那事変を契機として従来の日本精神論に新たな転回が必要であることを私は種々の機会に述べてきた。しかるに事態は少しも改善されていないように思われる。日本精神の世界的意味を問うことは自由主義者の迷妄に過ぎないかのように云って排斥される。日本が初めて世界史の舞台に進出した明治時代――世界史的眼光を有した歴史家坂口昂博士の言葉に依れば、ジャパンドムからジャパニズムへの飛躍の時代――は単なる欧化主義の時代に過ぎなかったかのように云って非難される。私は単に知性の普遍性、学問の国際性というが如き見地から世界史的見方の必要を説くのではない。かような抽象的な論理の立場においてでなく、むしろ現実の具体的な歴史の立場において私は世界史的見方の必要を主張するのである。日本文化の特殊性を力説するのみでは支那における日本の行動の基礎は与えられないであろう。日本文化の特殊性に対して支那人がこれを尊重することを求めるのは正当である、けれども同時に我々は支那文化の特殊性に対してこれを尊重しなければならぬ。日本固有のものといわれるものを支那人に強要することは無意味であるのみでなく不可能でもある。特殊なものと特殊なものとが結び附くためには一般的なものの媒介が必要である。日本と支那とが結び附くためには東洋というものが考えられるであろう。日本精神の問題は東洋精神の問題を離れて考えられない。支那の研究は日本の研究に欠くことのできぬ条件である。しかるに歴史的に見れば、東洋というものはこれまで、西洋がギリシア文化とキリスト教以来一つの内面的統一を有する世界を形成しているのと同様の意味において一つの内面的統一を有する世界を形成していなかった。これは津田左右吉博士の明瞭に論ぜられているところである（岩波講座『東洋思潮』中「文化史上に於ける東洋の特殊性」を看よ）。かくして、まさにそこから、支那事変の含む世界史的意味は「東洋」の形成であると見ることができるであろう。日支提携といい日支親善というのは、これまで世界史的な意味においては実現されていなかった東洋の統一がこの事変を契機として実現されてゆくという意味でなければならぬ。この場合、東洋の統一ということは東洋における日本の制覇というが如き帝国主義的観念と混同されないことが大切である。更《さら》に東洋の形成という世界史的意味は、日本の世界史の舞台への登場が西洋の近代文化との接触によって可能になったように、西洋との関係を無視しては考えられない。西洋の統一が東洋で生れて西洋へ入ったキリスト教に媒介されて可能になったように、ここに実現さるべき東洋の統一は西洋で生れて東洋へ入ってきた科学的文化に媒介されて可能になる。「東洋」の形成される日は真の意味において「世界」の形成される日である。この真の意味における世界の形成から離れて東洋の形成は考えられず、そしてそこに我々は現在の事変における世界史的意味を認めることができるであろう。

ランケに依れば、「世界史とはあらゆる民族及び時代の出来事を、それらが相互に影響しつつ、前後して（また同時に）現われ、相共に一つの生きた全体を形作る限りにおいて、包括するものである」。ランケはかような世界史を叙述しようとした秀でた歴史家であるが、彼のいう「世界史」が「ヨーロッパ主義」（オイロペイスムス）に局限されていることは今日の西洋の学者も認めていることである。西洋人のいわゆる世界史がヨーロッパにほかならないことは、あの「世界戦争」後に至って初めて広く認識され初めたことである。このときシュペングラー流の「西洋の没落」の思想が伝播された。この思想は元来、西洋文化が没落して東洋文化が繁栄するというが如き意味を有するのでなく、むしろ従来世界史そのものと見られていたものが単にヨーロッパ主義に過ぎなかったということの悲劇的自覚を現わしている。かくしてシュペングラーは、世界の諸文化は普遍的な統一を形作ることなく、恰《あたか》も種々なる地域に分布された植物のように、地球上のそれぞれの地域において芽生え、成長し、開花し、凋落してゆくものと考えた。彼の文化形態学は世界史の統一の意識の破綻から生じた観照である。それ故に今日、真に行動的な民族は世界史の新しい統一の意識をもって現われて来なければならぬ。

ヨーロッパ主義の観念を普及させたトレルチは云っている、「我々にとってはただヨーロッパの世界史が存するのみである。世界史の古い思想は、新しい一層謙遜な形を採らねばならぬ」（『歴史主義とその諸問題』参照）。「全体としての人類は何等の精神的統一を有せず、従ってまた何等の統一的発展を有しない。ひとがかようなものとして挙げる一切は、決して実在しない主体について形而上学的お伽話を物語るロマンである。」トレルチがヨーロッパ主義の傲慢に対して警言しているのは正当である。我々東洋人は尚更《なおさら》ヨーロッパ主義が世界史そのものと同一視されることを認め得ないであろう。しかしトレルチが世界史の概念はヨーロッパ主義以外においては不可能であると云っていることは認められ得るであろうか。これまで東洋が西洋と同様の意味における統一を有しなかったことは事実である。けれどもそれは永久にそうであるとは考えられない。トレルチが世界史の概念をヨーロッパ主義に限定しようとしたことは、世界史をただ過去においてのみ見て将来に向って見ようとはしなかったことに基いている。東洋の統一もいずれは実現され、真の意味における世界の統一に対する重要な契機となるに相違ない。しかも、もしヨーロッパ主義によって世界史を考えることができないとしたならば、ヨーロッパ主義と抽象的に対立させられた東洋主義によっても世界史を考えることができない筈である。世界の新しい秩序の構想なくしては東洋の新しい秩序の構想も不可能である。世界の統一ということは世界が唯一色になることでないように、東洋の統一ということも東洋が唯一色になることではない。「征服者、植民家、伝道家はすべてのもののうちにヨーロッパ的思惟を差込む。それは彼の実践上の力と効果との源泉ではあるが、しかしまた多くの理論上の誤謬や誇張の源泉でもある」とトレルチは書いている。世界史の統一の名のもとに働くヨーロッパ的思惟はこの場合実は帝国主義と結び附いていたのである。今日においてはもはやかような思惟によっては世界の統一も東洋の統一も考えられない筈である。日本の世界的使命が東洋の統一の実現であるとしても、それは「すべてのもののうちに日本的思惟を差込む」ことであるのではない。かような思想は「多くの理論上の誤謬や誇張の源泉」となるのであって、理論上の誤謬はまた究極において実践上の成功を齎《もた》らし得るものではない。

もし東洋の統一が真に世界史的な課題であるとするならば、それは今日極めて重要な課題を含んでいる。即ちそれは資本主義の問題の解決である。資本主義の諸矛盾を如何《いか》にして克服するかということは、今日の段階における世界史の最大の課題である。この課題の解決に対する構想なしには東洋の統一ということも真に世界史的な意味を実現することができない。東洋の資本主義的統一というだけならば真に世界史的な意味を有する出来事ではないであろう。

かようにして現代の日本が直面している問題は世界史的な観点からのみその意味を完全に理解し得るものである。日本精神といい東洋精神といっても、世界史の立場から把握さるべきであり、単に日本の特殊性や東洋の特殊性を解釈するに止っている限り、日本の行動の原理となるには不十分である。日本の行動にとって要求されているのは世界史の哲学でなければならぬ。

知性人の立場

我々が求める自由は、現状維持の口実としての自由ではない。革新のための自由である。革新のために自由に探究し、革新のために自由に討議する、この自由を知性は要求する。自由主義として自由を排するとき、現状維持派に利せられることなしとしない。

アジアの統一は、過去の伝統の統一ではない。今や日本の問題は何一つとして支那の問題と無関係でなくなった。対支文化工作の指導精神と云っても、国内文化のそれと別のものであり得ない。日本の問題の一切を挙げて大胆にも支那の問題と一つに結び附けたところに、今次の事変はアジアの統一を成就した。かくてアジアの統一は、現在の問題の統一である。

歴史は人間の解決し得る問題のみを人間に課する。日本の知識階級はその前に提出された問題の大いさに欣喜雀躍して然《しか》るべきである。

蔣介石は支那の民族的統一の波に乗って現われた政治家である。彼は民族主義の哲学の表現である。支那の民族的統一の完成に先立って日本が蔣介石政権と戦わねばならぬという歴史的運命におかれたということは、民族主義に止まってこれを超えることなき限り二十世紀の思想であり得ないという、世界史の精神の啓示でなくて何か。

我々の同胞は、幾千となく、幾万となく、大陸へ渡っている。彼等支那を見るべし。彼等支那を知るべし。戦争は一種の洋行である、戦争もまた文化的意義をもっている。嘗《かつ》てこれほど大量の日本人が一度に洋行したことはない。しかもこれらの人々は血みどろの貴い体験を通じて学ぶのである。日本精神の発露は支那を認識することであった。この厳然たる事実から東洋文化史の新しいページは始まる。

従来日本のインテリゲンチャにとってコンミュニズムもファッシズムも自由主義ですらも主としてただ紙上の理論として外国から輸入されたものであった。今や日本のインテリゲンチャにとって思想はただ現在の日本に課せられている現実の問題の解決を通じてのみ可能となるに至った。我々がどれほど独創的であり得るかが、日本の運命と共に試練される時が来たのである。しかも日本の問題を解決し得る思想は支那の問題を解決し得る思想であり、やがて世界の問題を解決し得る思想である。問題の深さに戦慄すべし、問題の大いさに挑戦すべし。

それにしてもこの二十年来、日本のインテリゲンチャの動揺はどうだ。右から左へ、左から右へ、文字通りに右往左往する。知性の自律なくして知識階級というものはあるか。知性の自律なくして良心というものはあるか。良心なくして人格というものはあるか。日本精神の問題も、東洋のルネサンスの問題も、日本の世界史的使命の問題も、個人の良心という、いとも小さい問題に集中する。

知識階級の協力が問題になりつつある。知識階級は協力すべし。だが協力は飽《あ》くまで知性の立場からの自発的な協力でなければならぬ。協力が就職運動であったり、協力が単なる転向であったり、協力が私党化であったり、協力が官僚主義の再生産であったりしてはならぬ。

時はあらゆる不純なものを清掃するであろう。歴史はつねに清潔検査を行っている。

知性の改造

今日、知性が問題になるというには種々の理由があるであろう。先《ま》ず第一に、現在の社会には多くの非合理的なものが跋扈《ばっこ》しており、これに対して何かもっと合理的なものを求めようとする要求が生じている。それが知性の問題となって現われる。しかしながら今日かように非合理的なものが流行するということは単なる偶然でなく、そこに何かもっと深い理由があるのではなかろうか。それを従来の合理主義の立場から単純に非合理的として排斥するというのは不十分であって、むしろ知性の本性について考え直す必要が生じているのではなかろうか。即ちそこに知性の改造とでもいうべき問題が存在している。そしてこの問題は恐らく今日の哲学における最も大きな問題の一つである。近代哲学の父といわれるデカルトは『方法論叙説』を著して新しい哲学に根拠を置いたが、それは中世的知性の改造を意味したといい得るであろう。スピノザもまた『知性改善論』を書いている。この二十世紀において同じように知性の改造が問題になるのではなかろうか、新しい思想も哲学もこの問題から出発しなければならぬように思われる。

もとより知性の問題は今日において単に方法論的な問題であるのではない。それは一層具体的に知性を有する人間の問題、とりわけ知性を有することを誇りとし、知性的な仕事に携っている人間、つまりインテリゲンチャ或《ある》いは知性人といわれる者の問題として存在している。今日の社会においてインテリゲンチャは如何《いか》に行動すべきかということが知性の具体的な問題である。しかしながらこの具体的な問題も知性の本性に関する一見抽象的な問題と深い関聯を有するのである。現在インテリゲンチャに対して種々の注文が出され、従来の態度を変ずるように或《ある》いは責められ或《ある》いは諭されている。このとき彼等が単に外的な力に屈従するのでなく、内面から変化を遂げるべきであるならば、彼等の知性そのものに改造が行われねばならないであろう。知性の改造なしに知性人が知性人として変化するということは不可能である。

ところで思想史の線に沿うて見ると、知性が問題にされるようになったのは近代文化の批判を通じてである。近代文化の特徴は機械的技術的なところにあるといわれる。しかるに機械的文化の発達の結果は種々の社会的害悪を生ずるに至った。そこで、かような機械的文化を作り出したものは知性であるとして、知性に対する批判が起り、反知性主義の思想が現われてきた。即ち反知性主義は具体的には近代文化に対する批判の中から生れたのである。我が国における反知性主義の思想も根本的には同じ考え方に基いている。ただ我が国においては、その文化の発達の特殊な事情に相応して、機械的といわれる近代文化に対する批判が西洋文化に対する批判となって現われたということに注意しなければならない。即ちこの場合近代的な技術的文化はもと西洋において発達し、それが我が国に移植されたという事情によって、反知性主義は反西洋主義の形をとったのである。

　近代文化のうちに種々の弊害が生じたことは蔽い難い事実である。しかしその際まず考えなければならないのは、そのような弊害は技術そのものの罪であるか、それとも技術を用いる社会の罪であるか、ということである。技術の発達、これに伴う生産力の増加はそれ自体として人間を不幸にするものではなく、種々の害悪の根源はむしろ社会制度のうちに横たわっている。この社会制度はむしろ技術の発達を掣肘《せいちゅう》し、技術の完全な利用を阻止しさえしている。かような社会制度は言うまでもなく資本主義であり、その原理は自由主義である。従って反知性主義者の近代文化に対する批判は技術や科学や知性に向けらるべきではなく、この資本主義社会に向けられなければならない。もとよりこの社会に欠陥が存在する限り、この社会によって制約された知性即ち自由主義的な知性に対して批判が行われるのは正当である。しかしながらその批判から直ちに反知性主義、反技術主義を主張するということは間違っている。批判さるべきものは自由主義的に制約された知性であり、要求されているのは知性の抛棄ではなく、知性の改造である。

　反知性主義者は、今日人間が不幸になったのは人間が知性をもって機械的な文化を作り、そして自然に背いたためであると考える。技術的に作られたものによって生活することは、もとより自然のままに生活することではない。技術は自然に対する戦である。しかしながら技術は単に自然に対立するのでなく、却《かえ》って同時に自然との一致を求めるのである。自然のままでは人間に敵対しているものを人間と調和させるのが技術である。それが人間を自然に背かせると見るのは一面的であって、却《かえ》ってそれは人間を自然とより高い秩序において一致させるのである。技術は自然を単に征服するのでなく、むしろ自然をしてその本性を発揮させるものが技術である。人間は自然に対して作業的に適応することによって生きてゆく、知性というものもこの適応の一つの仕方にほかならない。本能や習慣による適応が間に合わなくなった場合、我々は知性によって環境に適応するのである。かようにして今日我々の生活が「不自然」になり、そのために種々の害悪が生じているとすれば、その責は知性や技術にあるよりも現在の社会制度にあるといわねばならぬであろう。この社会制度の改善なしには、今日不当な乖離の状態におかれている自然と文化、都市と農村の融合的な関係も打ち立てられないであろう。日本文化乃至《ないし》東洋文化の特色は自然と文化が融合的なところにあるといわれている。そこで知性の改造の方向は、西洋的知性を排して日本的乃至《ないし》東洋的知性に還ることでなければならぬと考えられるであろう。しかし西洋的知性が一般に抽象的であるのではなく、知性の抽象化は西洋においても特に近代の自由主義社会において著しくなったのである。そこでまた考えられねばならないのは、東洋的知性に対する反省が今日必要であるにしても、それが封建的な知性への逆転になってはならないということである。

自由主義を原理とする近代社会の発展は種々の結果を齎したが、最も一般的な特徴についていうと、それはあらゆるものを抽象化した。抽象的ということが近代文化の著しい特徴である。かような抽象化はこの社会のすべての方向に現われている。この社会においては物は人間生活における具体的な使用から抽象されて単に一個の商品として生産される、商品というのは物の一般的な抽象的な存在形式である。それと同時に物の生産に従事する人間の労働も一般的な抽象的な労働として存在する。この社会においては人間は根差し無きものとなり、抽象的な人間となる。自由主義が個人主義であるというのも、かような根差し無き、抽象的な人間を指していうのでなければならぬ。この場合社会も抽象的なものとなり、人類とか世界とかいっても抽象的なものである。かような抽象化はまた知性の抽象化となって現われている。そこに知性と直観との抽象的な分離が生じた。知性と直観とは抽象的に対立させられ、合理性の名において直観は非合理的なものとして抽象的に排除された。それは更《さら》に知性と自然、文化と自然の抽象的な区別を意味している。自然的なものとは身体的なもの、衝動的なもの、パトス的なものである。しかるにかように抽象化した知性は同時に単に批評的となった。もとより批評的であるということは知性に本質的な機能である。けれどもその批評が地盤を失うとき、批評はただ批評のための批評、批評の批評、批評一般となる。自由主義的な知性は特に批評的な知性である。知性はその地盤であった自由主義が現実的意義を喪失するに従って批評一般に抽象化されていったのである。知性の名において行われるのはかような批評一般である。そのときひとは合理性の名において抽象的な可能性のうちに彷徨する、かかる抽象的な可能性の立場においては一切のものを批評することができる。これが今日我が国の多数のインテリゲンチャの陥っている精神的状況である。

かような抽象化から脱却するためには、知性は先《ま》ず歴史的にならなければならない。自由主義及びその合理主義は非歴史的であるということを特色とし、そのために抽象的であったのである。今日要求される知性は歴史的知性でなければならない。しかるに歴史的知性は行動的知性でなければならない。歴史といわるべきものは本来行動的現実としての歴史である。知性の抽象化は行動から、歴史から游離することによって生ずる。今日、非合理的なものの横行に対して合理性、科学性、理論性を要求することはどこまでも正当である。しかしながらその合理性、科学性、理論性は抽象的に理解されるのでなく、いわゆる理論と実践との弁証法的統一において把握されなければならない。行動から游離して抽象的な可能性において考える限り、ひとは懐疑的にならざるを得ないであろう。今日のインテリゲンチャの状態は、懐疑的である故に消極的であるというのみでなく、むしろ非行動的である故に懐疑的であるということができるであろう。このようにインテリゲンチャを消極的にした責任の一半は既に久しい間の当局の思想政策である。行動の自由を極度に制限されたインテリゲンチャは彼等の批評的な知性によってこれに応えたのであるが、そうしているうちに彼等の批評がまた単に批評のための批評、批評一般に堕してしまい、彼等性の懐疑も知的な状況であるよりも感情的な状態になってしまったのである。彼等をこの知性の抽象化から脱却させるためには彼等に行動を与えなければならないであろう。批評的な知性が創造的な知性になるためには行動と結び附かなければならない。しかるに行動には身体的なもの、感情的なもの、パトス的なものが必要である。大いなる歴史的行動の底には或《あ》るヒロイズムが、或《あ》る浪漫主義が横たわっている。今日のインテリゲンチャに失われているのはこのパトスであり、このヒロイズムであり、この浪漫主義である。感情的状態にまでなった懐疑が彼等の浪漫主義やヒロイズムを蔽っている。かようにパトスやヒロイズムや浪漫主義について語るならば、彼等はそれを反知性的であると考えるかも知れない。今日のインテリゲンチャに合理性や科学性の観念を刻み附けたのは何よりもマルクス主義であったといわれているが、そのマルクス主義は理論と実践との弁証法を説き、またプロレタリア・ヒロイズムについて語らなかったであろうか。ただ、マルクス主義は階級的感情よりも一層深い感情、民族的感情の如きもの、この一層身体的なものを十分に考慮しなかったのである。知性が創造的になるためにはパトスの中を潜ること、直観と結び附くこと、直観を含むことが大切である。しかし知性と直観とは具体的には如何《いか》にして結び附くであろうか。今日のインテリゲンチャにパトスやヒロイズムや浪漫主義を与え得るものは具体的には如何《いか》なるものであろうか。ここにおいて我々は先《ま》ず自由主義に対して現われた全体主義について我々の問題を検討してみなければならぬ。

私は近代自由主義の発展において知性の抽象化が生じたことを述べた。従って今日知性の改造について考える場合、それは知性の具体化として、問題にされなければならない。

近代社会の初めにおいては知性が決して抽象的なものでなかったことは、リオナルド・ダ・ヴィンチが代表的に示している如く、ルネサンスの頃の多くの技術的発明が芸術家によってなされたという顕著な事実からも知られるであろう。ルネサンスのヒューマニストは観想家や思弁家に対して行動的人間、あらゆる種類の実際家、芸術家、工作人を重んじた。マキアヴェリの新しい政治学のうちに見られるのも実際的悟性の実務の論理である。歴史は今日再び転換期に立っている。このとき要求される知性の改造は抽象化した悟性が再び直観と結び附くということ、批評的知性が行動的知性に転化するということである。思索家は行動人の如く思索しなければならないであろう。政治家は芸術家の如く新しい社会秩序を構想し造形しなければならず、他方芸術家には技術家の如き科学的な知性が必要であろう。知性と直観との根源的統一における構想力の論理が新しい論理でなければならぬ。

ところで今日自由主義に代るべきものといわれているのは全体主義である。全体主義という言葉は我が国においては普通にただ単に自由主義の反対のものというほどの意味に、従って無限定に用いられている。ひとはドイツやイタリーの全体主義といい、しかしまたソヴェトの全体主義ともいっている。このような用法は西洋におけるそれと一致しない。

英米においては全体主義という言葉はファッシズムと同義であって、全体主義国というとファッシズム国を指している。シュパンの如きは自己の立場を普遍主義と称しているが、これも我が国においては全体主義と見られ、その代表的理論とさえ考えられている。かくて今日ただ漠然と全体主義といわれているものはその内容が学問的に規定されることが必要である。

極めて広く考えて、我々は先《ま》ず固有の意味における全体主義と一般的な全体観とを区別しなければならぬ。全体観或《ある》いは全体性の思想そのものは単にいわゆる全体主義の哲学に固有のものでなく、一般に現代の諸科学において共通に認められる傾向であり、現代思想の共通の特色であるということができる。従っていわゆる全体主義に賛成しない者も全体観或《ある》いは全体性の思想そのものは承認しなければならないであろう。むしろいわゆる全体主義を現代諸科学の共通の特色に属する全体観に含まれる論理の正しい把握によって修正することが必要であり、その点から全体主義の発展が企てられなければならない。全体主義乃至《ないし》シュパンのいう普遍主義も固《もと》より全体性の思想を基礎にしている。ただそこでは或《あ》る制限が存在するように思われる。全体性の思想は特に現代の心理学の著しい傾向に属している。ディルタイの心理学、クリューゲルの心理学等からゲシュタルト心理学に至るまで、その根柢には何等か全体性の思想が含まれる。それらはいずれもビューレルのいわゆる原子論的公理に反対するのである。近作の古典的心理学といい得るイギリスの心理学、ヒュームなどの聯想心理学は一種のアトミズムであり、個々の観念をアトムの如く独立なものと看做し、一切の心理現象をかような観念の聯合から説明した。これはまさに個人主義的社会観に類似している。個人主義の立場においては個々の個人はアトムの如く独立なものと看做され、社会はすべてこのアトムの聯合として説明されるのである。ヘーゲルは「市民的社会」を「アトミズムの体系」として規定した。心理学における観念聯合説に社会学における社会契約説が相応するであろう。それらは共に近代的思惟の典型的なものである。新しい思惟はかような原子論的思惟に反対する。それは要素の単なる和と見ることのできぬ全体に一定の優位を認めるのである。新しい知性は原子論的思惟から全体観的思惟に移ってゆかなければならぬ。ただこの全体を如何《いか》に考えるかが、その際重要な問題である。

今日いわゆる全体主義をファッシズムと解する場合、それは非合理主義であって、近代の合理主義に反対している。この非合理主義は一定の社会観と結び附いている。ファッシストはもとより、あからさまにファッシズムを唱えない全体主義者も、その社会観において、テンニエスによって有名になった区別によると、ゲゼルシャフトに対するゲマインシャフトの思想をとるのがつねである。ゲマインシャフトという言葉は共同社会と適切に訳されるにしても、ゲゼルシャフトという言葉を利益社会とか営利社会とかと訳することはこの概念の意味を誤解させる惧れがある。なるほど株式会社の如きゲゼルシャフトは利益社会といい得るにしても、ゲゼルシャフトには必ずしも営利を目的としないもの、例えば学会の如きものも考えられるであろう。ゲマインシャフトとゲゼルシャフトとの概念上の区別は営利を目的とするか否かにあるのでなく、その社会結合の仕方の相違にあるといわねばならぬ。即ちゲマインシャフトにおいてはその社会結合の基礎となるのは或《あ》る非合理的なもの、パトス的なものであるに反して、ゲゼルシャフトにおいては或《あ》る合理的なものである。営利主義といわれる株式会社などの結合の基礎は合理的に理解し得るものである。嘗《かつ》てマックス・ウェーベルは簿記が近代的合理主義を象徴するといったが、一般にゲゼルシャフトは近代的合理性、即ち自由主義的合理性を基礎にする社会であると考え得るであろう。テンニエスはゲマインシャフトの基礎は本質意志であり、ゲゼルシャフトの基礎は恣意意志であると論じたが、前者は全体的な人間の心においてそのうちに思惟が含まれる限りにおける意志を、後者はそのうちに意志が含まれる限りにおける思惟を意味している。従ってゲゼルシャフト的結合は知性的な、合理的なものであるが、ただその合理性は近代的な、自由主義的な合理性を意味するのである。ゲゼルシャフトの典型的なものが株式会社であるとすれば、ゲマインシャフトの典型的なものは家族である。今日の全体主義者が共同社会を強調すると共に家族を重要視し、社会を家族主義によって考えることが特徴であるのも偶然ではないであろう。家族の如き社会的結合は感情、衝動、意志を根柢とし、どこまでも合理的に説明することのできぬ非合理的なものがその基礎をなしている。ゲマインシャフト的な考え方を強調する今日の全体主義者は非合理主義者であるのがつねである。

ゲマインシャフトが或《あ》る非合理的なものを土台とする結合であることは、それが何等か運命的なものと考えられるところからも知られるであろう。家族は私が任意に取結び得るものではない。私は一定の家族の中にいわば運命的に産れ落ちるのである。ひとは自分の親を自由に選び得るものでなく、また自分の家族が気に入らないからといって勝手にそこから出て他の家族の中へ入り得るものではない。ゲマインシャフトは自然的な、有機的な結合であるが、これに反してゲゼルシャフトは観念的な、機械的な結合として規定される。私がいま或《あ》る会社の株を買えばその時から私はこのゲゼルシャフトの一員となることができ、また私がその株を売ればその時から私はこのゲゼルシャフトの外に出ることができる。個々の株主は観念的に結合されているのであって実在的に結合されているのではない。ひとが或《あ》る会社の株主となるか否かは彼の自由であって運命的に定められたことではない。彼は合理的な打算に従って任意の会社に属することができる。ゲゼルシャフト的結合は合理的なものであるだけ機械的な一時的な性質を具えている。しかるにゲマインシャフトは生命的な持続的な結合である。それは或《あ》る非合理的な内密の性質を有し、閉鎖的であるということを特徴としている。家族の如きは閉鎖的であって、私は任意に他の家族の一員となってその中に入ることができぬ。これに反してゲゼルシャフトは公共性を、或《あ》る世界性を有している。株式会社の如きは公共的な存在であって、誰でもその株を買う者はその一員となることができる。即ちゲマインシャフトが閉鎖的であるのに対して、ゲゼルシャフトはつねに何等か開放的である。後者が開放的であり、公共性を有し、或《あ》る「世界」であるということは、その基礎が合理的なものであるのに依るが、その結合が一時的な機械的な性質を有するということは、その合理性が近代的な合理性、言い換えると自由主義的な合理性であるのに伴う制限である。ゲマインシャフトの場合はあらゆる分離にも拘らず本質的に結合されているのに反して、ゲゼルシャフトの場合はあらゆる結合にも拘らず本質的に分離されている、とテンニエスは述べている。ゲゼルシャフトはヘーゲルの市民的社会の概念がそうであるように原子論的である。そしてそれは抽象化された知性の合理性に相応すると考えることができる。近代的な「世界」及び近代的な世界主義もしくは国際主義の抽象性もそこから考えることができるであろう。

ところで今日のいわゆる全体主義は実質的には民族主義乃至《ないし》国民主義である。シュパンのいう普遍主義はドイツ浪漫主義の系統に属している。全体といってもそこでは人類全体という如きものを意味するのではなく、むしろ端的に民族を、民族の国家を意味するのである。民族は右のゲマインシャフトの規定を具えている。それは近来しばしば「運命共同体」と呼ばれるものである。その結合は或《あ》る非合理的なもの、身体的なもの、パトス的なものに基いている。すでにテンニエスはゲマインシャフトにとって血と地が重要な意義を有することを論じたが、今日の全体主義者もそれを最も強調し、人種主義者或《ある》いは地域主義者、地理的運命論者、風土主義者であるのがつねである。民族という共同社会も閉鎖的であることを特徴としている。

ゲマインシャフトが閉鎖的な体系であることは特に注意しなければならぬ。そこから全体主義が論理的には有機体説であり、そしてその場合実践的には全体が部分に対して抑圧的になるということが従ってくる。弁証法にとっても全体性の概念は決定的に重要な意義を有している。弁証法もヘーゲルの用語に従えば抽象的普遍に対する具体的普遍、つまり全体性の概念を中心としている。しかしながら弁証法と有機体説とは区別することが肝要であり(この点について私は嘗《かつ》て「有機体説と弁証法」という一文の中で論じたことがある)、その区別を認識することによって今日いわゆる全体主義の思想の正しい発展も考えられるのである。今日の全体主義は根本的には有機体説の論理に従っている。ゲゼルシャフトの概念の基礎となっているのが自然法の思想であるのに対して、ゲマインシャフトの概念は有機体説を根柢としている。そして自然法の思想の合理性が抽象的であるように、有機体説は生物学主義と結び附いて合理性を欠き、非合理主義になる傾向を含んでいる。尤《もっと》も我々は有機体説、特に社会の有機的な見方のうちに或《あ》る正しいものが含まれることを認めなければならない。唯物弁証法の弱点は有機体説に抽象的に対立することによってそれ自身一つの抽象に陥っているところにあるといえるであろう。有機体説的な見方を一定の仕方で自分のうちに生かすのでなければ弁証法も正しい社会観の基礎となることができないであろう。ところで今日の全体主義においては全体は有機的なものと考えられるが、有機的全体の特色は閉鎖的な体系であるということにある。そこでは全体は自然的な所与的なものであり、そのうちに発展があるにしても全体が自己自身をも否定するということはなく、かくしてつねに閉鎖的な自己同一に止まっている。かような全体の中においてはその諸部分の自由、独立性は認められ難い。今日の全体主義が個人の独立性や自由を否定するといわれるのもそのためである。また全体主義が保守主義に傾くということもそれが閉鎖的な全体を基礎とする有機体説であるための自然の結果である。真に弁証法的な全体は閉鎖的であると同時に開放的でなければならない。それは自己否定を含むような全体でなければならず、個体はどこまでもそのうちに包まれながらどこまでも独立であるというのでなければならない。

かようにして全体主義の正しい発展にとって要求される全体は、閉鎖的であると同時に開放的であるような全体であり、いわばゲゼルシャフトとゲマインシャフトとの弁証法的統一として考えられるものである。近代自由主義の社会は本質的にゲゼルシャフト的であった。「社会的並びに政治的意味におけるゲゼルシャフトの全概念はその自然的基礎を第三階級の風習と思想とのうちに見出す。それは元来なんら民族の概念でなく、つねにただ第三階級の概念である。」とブルンチュリはいっている。近代的なゲゼルシャフトはゲマインシャフト的なものから抽象されたものであって、開放的とか世界的とかいう特色を有するにしても、その開放性、その世界性は抽象的であり、またその合理性は自由主義と制限を共通にするものであった。今日の全体主義がゲゼルシャフト的な考え方の抽象性に反対するのは正当である。しかしそれが単にゲマインシャフト的な考え方を強調する場合、それは封建主義へ逆行することになるであろう。家族はゲマインシャフトの典型的なものであり、全体主義者の多くは社会を家族主義的に考えようとするのであるが、家族にしても今日封建的なものに還るべきではなく、新しい合理性の基礎の上におかれなければならぬ。封建的な家族においては婚姻の如き場合にも当事者である男女の自由は認められず、殊《こと》に婦人は家風に合わないとか子供がないとかいう理由によって離婚され、家のために犠牲にされることが稀でなかった。今日の婚姻は一層合理的でなければならず、その他の家族的諸関係も一層合理的なものにならなければならない。自由主義が善くないからといって一切の合理性を排斥することは正しくない。もとより近代的合理主義は個人主義に陥る傾向をそれ自身に有している。かくてゲゼルシャフトはゲマインシャフト的にならねばならず、しかしゲマインシャフトはゲゼルシャフト的にならねばならぬといい得るのであるが、それは両者の機械的な結合を意味するのではなく、高次のものにおける弁証法的綜合への発展として考えられるのである。

現代の文化社会学などにおいていわれるように、人間の思惟形式も社会形態の異るに応じて異るとすれば、知性の改造の問題も右と同様の見地から把握されねばならぬであろう。近代的知性はゲゼルシャフト的知性である。ゲゼルシャフトは或《あ》る合理性を基礎とする結合であり、それが開放的で世界的であるのもこれに関聯している。しかしその合理性が自由主義的な合理性であるところにその制限があり、その抽象性が存在した。かような制限から脱却するためには、知性はゲマインシャフト的なものの根柢から汲まねばならず、特に民族のパトスの中に沈み、そこから新たに生れて来なければならないであろう。思惟は直観と、思索は行動と、精神的なものは身体的なものと、理性的なものは自然的なものと、新たな結合を遂げなければならない。我々は上においてゲゼルシャフトが合理的なものを基礎とする結合であるに反しゲマインシャフトは非合理的なものを基礎とする結合であると述べたが、この区別は実は理想型的な概念構成に過ぎないのであって、ゲマインシャフトにしても固《もと》より単に非合理的な結合であるのではない。ゲマインシャフトを単に非合理的なものと考え、これを単にゲゼルシャフト的に合理化しようとするのは悪しき自由主義にほかならず、かくては家族の個人主義化の如くそれを破壊することになる。ゲマインシャフトにはゲマインシャフト的知性があるであろう。そこでは知性が感性と、思惟が生活と、有機的に融合的に結び附いているという特色が認められる。知性の改造は或《あ》る意味ではゲゼルシャフト的知性がゲマインシャフト的知性の性格を得てくることであると考えられるであろう。しかしながらゲマインシャフト的知性は閉鎖的であって、知性の本質に属すべき開放性や公共性に乏しく、その限りそれが近代化によってゲゼルシャフト的になったことはたとい知性の抽象化を惹き起したにしても、かかる抽象化も知性が自己の本質を一層深く獲得するために必要であったということができる。単にゲマインシャフト的な知性、家族的知性、民族的知性というものを強調することは封建主義への反動に陥りがちである。また全体主義を主張することは、全体主義者が一般に知性の尊重を自由主義と目して排斥し、これに対して非合理主義を主張することは、ゲマインシャフトにも知性があることを忘れているものといわなければならない。新しいゲマインシャフトはゲゼルシャフトの性質を自己のうちに止揚して含まねばならぬように、新しい知性はゲゼルシャフト的であるよりもゲマインシャフト的でなければならぬといっても、単に閉鎖的でなくて開放的世界的でなければならず、その意味において自由主義的なところを有しなければならぬ。およそ自由主義を単純に排斥することは間違っており、今日の全体主義者がしばしば犯している誤謬である。近代自由主義によって発達させられた合理主義は単に否定すべきものではなく、却《かえ》ってそれを真に具体的な現実的な合理性にまで発展させることが重要である。人格の自由と尊厳という如きことも近代自由主義と共に発達した尊重すべき思想であり、如何《いか》なる全体主義もこれを単に否定することは許されない。近代自由主義の財産を継承し、これを正しく発展させることなしには、真に新しい文化の創造は不可能である。

全体主義の正しい発展が真の合理性への発展でなければならぬということは、今日我々が直面している現実の問題からも要求されているであろう。支那事変の目的は東亜協同体の建設であるといわれている。東亜協同体はゲゼルシャフト的にでなくゲマインシャフト的に考えられねばならぬにしても、今日の民族主義的全体主義者が考えるようなものであることができない。それはすでに民族的全体でなくて民族を超えた全体である。従って東亜協同体の結合の原理は民族主義的全体主義者のいうような単に非合理的なものであることができない。もとよりそれは単なるゲゼルシャフト的合理性によっても考えられない。東亜協同体は民族を超えた全体として、その結合の基礎は血という如き非合理的なものではなく、東洋文化の伝統という如きものでなければならぬであろう。しかるに文化の伝統という場合、それはまた単に合理的なものでなく、抽象的合理的に理解することのできぬものがある。伝統というのは身体的になった文化、自然の中に沈んだ文化のことである。それは単にロゴス的なものでないと同様、すでに文化的なものとして単にパトス的なものでもない。そして実際をいうと、民族にしても今日の全体主義者の主張するように、血という如き生物学的なものを基礎として考えらるべきものではないのである。民族はもと生物学的な概念でなく、本質的に歴史的な概念である。あらゆる歴史的なものは単に生物学的なものであることができぬ。歴史的なものは文化という言葉の一般的な根本的な意味において文化的なものである。民族も歴史的に作られ、歴史的に発展するものである。全体主義が民族的全体から東亜協同体という如き民族を超えた全体に発展する場合、合理性の要求はいよいよ大きくなり、そしてその全体が単に閉鎖的でなく同時に開放的でなければならぬことがますます明かになってくる。東亜協同体という如き全体はそのうちに開放的に諸民族を含まねばならず、またそこにおいては諸民族がそれぞれの個性と独自性を失うことなく自己の発達を遂げ得るのでなければならないのである。しかしそれはまさに協同体としてゲゼルシャフトでなくゲマインシャフトでなければならず、それ故に近代的自由主義の原理に従ってではなく、むしろ新しい全体主義の原理に従って考えられなければならぬ。

近代的なゲゼルシャフトはその合理性がまさに近代的な合理主義にほかならぬところに制限を有している。この合理主義は簿記において象徴的に示されているような合理性である。新しいゲマインシャフトはゲゼルシャフトのように合理的でなければならないが、その合理性は従来の自由主義の合理性に止まることができぬ。新しい社会には新しい知性が必要である。私は右にゲゼルシャフトの開放性、公共性、世界性について述べた。しかるにゲゼルシャフトも実をいうと決して真に開放的ではないのである。例えば株式会社は近代的なゲゼルシャフトの典型的なものと見られるが、この株式会社も実は誰でも自由にその中に入り得るのでなく、ただその株を買い得る者のみが、従って資本を有する者のみがその中に自由に入り得るのであって、その限りそれは開放的でなくて閉鎖的である。ゲゼルシャフトは一般に未だ真に開放的ではない。真に開放的であるのは「人類社会」(ヒューマニティ）の如きものでなければならぬ。ヒューマニティこそ人種、性、年齢、教養、財産等、あらゆる差別を超えて、すべての人間がそのうちに包まれる全体である。かような人類社会はゲゼルシャフトではなく、真のゲマインシャフトである。真に開放的であるのはゲゼルシャフトでなく、むしろゲマインシャフトであるといわねばならぬ。この人類社会と呼ばれるゲマインシャフトは、種々の閉鎖的なゲマインシャフト、家族とか民族とかいうものとは性質の違ったものであり、異る秩序、異る次元のものである。そこにベルグソンのいう如き開いた社会と閉じた社会、開いた心と閉じた心の差異が存在するであろう。閉じたものはその周辺をどれほど拡げても開いたものにはならないように、家族とか民族とかと人類社会との間にはただ飛躍によってのみ達し得る次元の相違がある。真に「世界」といわるべきものはかくの如き人類社会でなければならぬ。閉じたものは唯一つの中心を有する円であるに反して、開いたものは到る処が中心であるところの円である。即ち世界は一切の個体を含みながら、しかもその中に含まれるすべての個体が独立であるという構造を有している。知性の本質は開放的で世界的であるというのも、それがいまった意味において人類社会的であり、ヒューマニスティックなものであるということでなければならぬ。かような世界は普通に単に地域的に考えられる世界とは全く性質を異にし、秩序を異にするものである。新カント派の哲学者は存在と当為を原理的に区別し、知識の本質に属する普遍性は存在の意味のものでなく当為の意味のものであると論じているが、そのことも人類社会（ヒューマニティ）が普通にいうゲマインシャフト乃至《ないし》ゲゼルシャフトとは全く異る次元のものであり、そして知性が本質的にヒューマニスティックなものであるところから理解されるであろう。

しかしながらこの人類社会はただ歴史を通じてのみ実現されるのであって、歴史を離れて考える場合、単に一個の抽象に過ぎぬ。抽象的に人類社会を考えるならば、それはゲマインシャフトではなく、むしろゲゼルシャフトになるであろう。他方あらゆる現実に存在するものはそのうちに何等か「世界」を実現することによって初めて真に歴史的なもの、言い換えると世界史的意義を有するものになるのである。すべて現実的に歴史的なものは特殊的であると同時に普遍的であり、かかるものとして個性的である。それが特殊的である限りそれは閉鎖的であり、それが普遍的である限りそれは開放的であるといい得るであろう。今日想見される新しい社会秩序がゲマインシャフトであるということは、それが近代的ゲゼルシャフトに対して一層高度に「世界」というゲマインシャフトを自己のうちに実現することを意味すべきであって、封建的なものへの逆転であるべきではない。世界史の発展の過程は「世界」の実現の過程でなければならぬ。近代的ゲゼルシャフトはなお未だ世界的でなかった。新しいゲマインシャフトは一層世界的でなければならぬ。そしてこの新しい社会秩序の構想には近代的合理性とは異る新しい合理性、近代的知性とは異る新しい知性が必要である。支那事変を通じて日本は東亜協同体という如き新しいゲマインシャフトの理念を掲げるに至った。それが抽象的なものでなくて歴史的なものである以上、それが或《あ》る閉鎖性を有すべきことは当然であるが、しかしそれはまた単に閉鎖的に考えらるべきものではないのである。特殊的閉鎖的なものを通じてつねに普遍的開放的なものが実現されねばならぬ。それが「歴史の理性」の要求である。今日東亜協同体という如き一民族よりも大きなゲマインシャフトが考えられるようになったことは、新しいゲマインシャフトが一層多く世界的意義を有すべきことを示しているが、しかし「世界」というものを単に地域的大いさに従って考えることは間違っている。世界は本質的には場所の広狭にかかわりなく到る処において実現され得るものである。地域的な大いさは世界に本質的な開放性、公共性、共同性の象徴に過ぎないともいい得るであろう。新しいゲマインシャフトはかような世界性を有することによって初めて現実の歴史的な世界秩序の革新的再建の力となり得るのである。東亜協同体といわれる新しい体制は近代的な抽象的な世界主義を克服する一方、更《さら》に新しい世界主義へ道を開くものでなければならぬ。同じように抽象的な世界主義は新しい知性の立場であり得ないが、しかし知性はどこまでも本質的に世界的なものであるべきであり、つねに「世界」の実現の方向に動かなければならぬ。

さて私は知性の改造の問題を社会の問題に関聯して述べてきた。これは知性の改造が抽象的には考えられないことを意味している。知性の改造は具体的には人間の改造の問題であり、そしてこのものは社会の改造の問題に関聯している。人間は新しい社会を作ることによってその中から新たに生れてくる。社会的実践を離れて知性の改造も考えられない。我々にとって歴史的に与えられている現実の課題の解決に身をもって当ることによって知性の改造も可能になるのである。

ユートピア論

ユートピアについて語ることは今日の流行ではないであろう。今日の流行はむしろ神話である。それでは神話とユートピアとは如何《いか》に区別されるであろうか。この場合、神話は過去の像であって、ユートピアは未来の像であるというような単純な考え方では全く不十分である。なぜなら今日少くとも哲学的な意味で神話といわれているのは単に過去のもののみではない、現代の神話があり、また未来の神話がある。そしてこれはユートピアというものと同一の、少くとも類似の性質のものではないであろうか。しかもなお神話とユートピアとが区別されねばならぬとすれば、その根本的な点は何処《どこ》にあるであろうか。

今日の流行はユートピアであるよりもむしろ新秩序と称せられるものである。東でも西でも新秩序について語られている。この新秩序とは範疇的に如何《いか》なるものであろうか。それは神話に属するのか、それともユートピアに属するのか。そのいずれでもないと答えられるとすれば、新秩序というものは一つの理想であるのか。もしそれが理想に属するとすれば、理想という概念の根柢には如何《いか》なる世界観が含まれるかを吟味し、その世界観が果して今日新秩序を語る者の有する世界観と一致するか否かを検討してみることが必要である。今日の支配的な世界観は歴史的世界観であるということができる。実際、新秩序をいう場合、その世界史的意義をいうことが普通になっているのである。歴史的なものは時間的であり、時間が歴史の根本概念である。そしてまた例えば神話の概念の根柢には時間の概念があり、従ってそれは一定の歴史的世界観に結び附いて考えられている。しかるに理想という場合、少くとも厳密な哲学的概念としては、何等か超時間的なもの、永遠に妥当するものというように考えられるのである。理想という場合、存在と当為、事実と規範というような二元性が考えられる。或《ある》いはまた理想という場合、何か合理的なもの、主知的なものが考えられる。理想主義は観念論、特に合理主義的観念論と結び附いている。しかるに今日の歴史的世界観、神話という如きものを力説する考え方は、右のような考え方とは結び附かず、従って新秩序というものを理想と考えることは少くとも哲学的に厳密な意味においては困難があるであろう。それならば新秩序の思想は神話であるのか。もしそれが神話の如きものであるとすれば、何故にそれはユートピアの如きものでないのであるか。いったい神話とユートピアとの区別は何処《どこ》に存するのであろうか。かようにして今日の神話論、新秩序論の意味を哲学的に明瞭にするためにも、ユートピアの本質について考察することが必要なのである。

歴史を回顧すると、プラトンからウェルズに至るまで、我々は多くのユートピアをもっている。その歴史において我々はユートピアが如何《いか》なる一定の社会的条件から生れてくるものであるかを明かにすることができるであろう。これは一つの重要な課題である。しかしまた他方ユートピアがユートピアとして形成されるについては、その一定の形成原理、ハンス・フライエルのいうようにユートピアの論理とも称すべきものの存在が考えられるであろう。このものを明かにすることによって、あらゆるユートピアがその内容の差異にも拘らず共通に有する性質が示され、そしてそれが神話とか理想とかいう他の観念形態とは本質的に区別される理由も理解することができるのである。このユートピアの論理が今我々の問題である。

先《ま》ずすべてのユートピア作者に対して提出され得る極めて単純な、しかし重要な問は、彼等が我々の住む世界とは全く違ったもののようにいい、しかもその状態を詳細に描き出している世界は、いったい何処《どこ》に存在し、如何《いか》にしてそこに達し、如何《いか》にしてその報告を得ることができたかということである。以前は多く難船が利用された、即ち難船の結果或《あ》る一人もしくは少数の人間が不思議な国の岸に漂着したものとして報告された。或《ある》いは遠くへ旅行した友達がユートピア物語の責任を引受けた。しかるに人類の地理的知識が拡大するに従って、その方法は不可能になった。地球上には種々珍しいものがあるにしても、絶対に羨望に値するものは何処《どこ》にもない。かようにして空間上の距離を使用することができなくなると、残るのは時間上の距離である。ユートピアは遠い過去に求められるか、遠い未来に求められることになる。二つの場合共に実際にユートピアの歴史に現われている。このように空間上或《ある》いは時間上の遠方に彼等のユートピアを描くということが従来殆《ほとん》どすべてのユートピア作者によって採用されて来た方法である。そしてまさにそれ故に彼等はユートピアンと考えられるのである。しかしながら彼等は決して現実に対して無関心であったのではない。ただ現実から逃避しようとする者は決してユートピア作者になることができないであろう。むしろ新しい国を建設しようとする意志、ユートピアの像に従って現実を形成しようという意欲があらゆるユートピアの根柢に働いており、これがその本来の動力となっている。それにも拘らずユートピアが遠い国の物語として述べられているというのは如何《いか》なる理由に依るであろうか。

そこにユートピアの他の一つの共通の特徴が結び附いている。すべてのユートピアは大洋の中の島におかれているか、それとも自然或《ある》いは法律によって周囲の世界から隔絶されている。トマス・モーアの主人公はアブラクサ半島を截って島とし、そこに彼の国を建設した。フィヒテの理想国は「閉鎖的商業国家」として構成された。ユートピアはフライエルの名附けたように「政治的島」である。それは周囲の世界との関係から切り離されて、外的影響によって左右されないような、それ自身の場所におかれている。それが空間上或《ある》いは時間上の遠方におかれたということも、読者の想像力を活潑にし、それを全く新しい国として理解させるためであると共に、それを周囲の世界との関係から絶縁されたそれ自身の島として描き出すためであると考えられるであろう。あらゆるユートピアは歴史的文化の大陸から切り離されている。たまたま旅行者が嵐のために難破してその岸に漂着し、客として迎えられ、そのすべての施設をあらゆる驚歎をもって見ることがあっても、それはちょうど工場の視察者がその作業に何等影響を与えないのと同じように、この自足的な世界の活動には何等影響を及ぼさないのである。ユートピアは自足的な完結的な体系である。

しかるにユートピアが完結的な体系であるというのは、単に空間的隔絶の意味においてのみでなく、その内的構造においてもまたそうである。ユートピアのこの特徴は、それが全く合理的に構成され、機械的に諸要素から合成され、これら諸要素の間の原因結果の完結的体系として設計される場合、最も明瞭に示されるであろう。言い換えると、合理主義がユートピアの根柢にあり、その内的な動力になっている。ユートピアを単なる想像の産物であるというのは当らないであろう。もとより構想力なしにはユートピアの生れ得ないことは確かである。しかしながらユートピアにおいて構想力の衣のうちに包まれているのは合理主義的核実である。それが隔絶した島と考えられるのも、それを純粋に合理的に構成するためである。ユートピアと結び附いているオプティミズムもこの合理主義を離れて理解されないであろう。ユートピアは構想力の産物である以上に知性の産物である。ユートピア作者は心理学や社会科学の完全な体系を所有すると信ぜられている。彼はあらゆる政治的施設の心理的結果を、あらゆる心理作用の政治的結果を計算することができる。彼は如何《いか》なる衝動が人間において断ち難く、満足させられねばならぬかを知っている。彼は情念のうち如何《いか》なるものが抑えられ、如何《いか》なるものが堰止められ、如何《いか》なるものが匡正《きょうせい》され得るかを知っている。彼は刑罰と報酬との力を知っている。また彼は教育の影響力や法律の有効範囲を知っている。彼は理性がいつ如何《いか》ほど強く、美的印象がいつ如何《いか》ほど持続的に、権威的命令がいつ如何《いか》ほど深く、人間の行為を決定するかを知っている。更《さら》に彼は宗教をも彼の計算に入れることができる。文化のあらゆる要素の間のあらゆる関係を認識し得る科学に基いて、彼は彼の国家を建設するのである。ところでかような「社会的機械技術の工芸品」に対して、フィヒテはそれを啓蒙主義的と刻印して排斥した。それは啓蒙主義的合理主義であり、機械論的合理主義である。フィヒテ自身は彼の規範国家を理性に基いて先験的に構成し得ると考えた。しかるにこのような先験主義はまたそれ自身の意味における合理主義であるということができるであろう。その規範国家は機械論的合理的ではないが、目的論的合理的であり、かようなものとしてやはり完結的な体系と考えられているのである。

ユートピアは、完結的な体系であることと関聯して、一旦出来上ると変化しないものと考えられている。ユートピアは発展を知らず、発展を許さない。そこでは歴史は静止する。従ってユートピア作者は彼のうまく作られた秩序を、妨害に対して保護し、変化に対して防衛するために、種々の対策を考えている。体系のあらゆる故障は直ちに調節され、あらゆる変化の脅威は直ちに阻止されるように工夫しなければならぬ。かくて全体の適当な組合わせによって既に作られている均衡は、いわば自働弁によってなお特別に保証されるのである。もちろんユートピア作者は、外からの支えや後からの助けが永い間の役に立たぬこと、故障が生じた個々の場合にそれを抑えるよりもともと故障を不可能にしておくのが一層安全であることを知っている。犯罪人の出た場合に賢明な法律で縛るよりもおよそ犯罪の生じないようにしておくことが彼の誇りである。ユートピア作者は彼の国の人間を絶対に把握していると考える。彼の設計した合理的な世界を少しも変化しないようにすべての人間が合理的に行動するものと信ぜられているのである。彼の合理主義はオプティミズムと結び附いている。しかしそのためにユートピアには変化がなく発展がない。如何《いか》なる歴史の道もそこから、そこを越えて、導いて行かない、それがむしろユートピアの要求である。ユートピアはその無歴史性を守らなければならないのである。

かようにユートピアから出てゆく歴史の道は存しないとすれば、そこへ入ってゆく歴史の道が問題である。これは如何《いか》なるものであろうか。ユートピアは政治的島としてそれ自身の空間に存在する完結的な体系であるから、その秩序の部分的実現ということは考えられず、ただその全体的実現が考えられ得るのみである。ユートピアは存在するか、それとも存在しないかである。従ってあらゆるユートピアに対して、如何《いか》なる道によってそれが実現され得るかが、それだけ緊要な問題として提出されねばならぬ。歴史的世界の状態や出来事をユートピアの規範の下に眺め、しかもこの規範の単なる妥当性のみでなく、その形成力とその実現の可能性を信ずる者にとっては、歴史は二つの部分に、即ち従来の混沌とした、変化する、意味のない現実と、ユートピアの明るい、変化しない、意味に充ちた世界とに分れる。一方から他方への徐々の推移は考えられない。漸次的な発展、漸進的な改革はユートピアに導かない。過去と未来との間には絶対的な断絶が存し得るのみであり、経験的現実からユートピア的現実への転換は一回的な全体的なものであり得るのみである。もしユートピアが存在すべきであるならば、それは絶対的な発端をもって始まらなければならない。ユートピアは存在するか、それとも存在しないか、「これか・あれか」ということは、ユートピアに一種の予言の性格を与えるであろう。予言者も世界を絶対的な断絶によって二つの部分に分ち、現代に対してこの断崖の前における決意を促すのである。ユートピアの或《あ》るもののうちにはかような予言者的精神が働いている。しかしながら多くのものは問題をうしろにずらしている。即ちユートピアは遠くの島にか他の星にか既に現実に存在するもののように考えられている。そうすれば、そこへの道はさしあたり幸運な漂着であるということになる。それにしてもユートピアは如何《いか》にして建設されるかという問題は依然として残るであろう。そしてこの場合二つの解決方法が提供されている。即ちユートピアの思想がその内面的真理性の力によって人間を捉え、彼等を啓発し或《ある》いは感動させ、直ちにその通りに生活するように決意させると考えられるか、それとも或《あ》る強い政治力が、例えば一人の賢明で強力な王がユートピアの思想に腕を貸してこれを実現すると考えられるかである。この二つの解決方法はそれぞれの場合深くも浅くも理解されてユートピアの歴史に現われている。

ユートピアの構造が右の如きものであるとすれば、先《ま》ず注意されるのはその根柢にある合理主義である。この点でユートピアは神話というよりも理想というものに類似するであろう。ユートピアは合理的なものに対する憧憬として現われ、その性格においてオプティミスティックである。そこにユートピアのメリットがあると考え得るであろう。ユートピア作者はその形象の合理的構成のために特殊な方法を用いてきた。彼は過去の歴史の結果として存在する複雑な条件から抽象して、単純な条件のもとに、即ち歴史的文化の大陸から切り離された島において、彼の理想国を構想する。これは科学者が実験室において自然の現象をその複雑な条件から切り離してできるだけ単純な条件のもとに構成しつつ観察するのに似ているであろう。ユートピアは一種の思想実験である。かようなものとしてユートピア的思惟は歴史的思惟にとってつねに必要である。それは歴史的事象に対する合理的な概念構成のために要求される一つの方法である。マックス・ウェーベルは社会科学における理想型の構成は内容的にユートピアの性格を担うものであるといっている。例えば都市経済とか手工業とかいうような概念は理想型として構成されるものであって、その概念的純粋性においては現実の何処《どこ》にも経験的に存在するものではない。それはひとつのユートピアである。科学にとってもユートピア的思惟は必要である。しかしながら問題は、それが如何《いか》ほど深く歴史的現実の中に入ってゆくかということである。科学は単なるユートピアでなく、経験的基礎に立たねばならぬ。ユートピアといわれる理想型にしても、経験的現実に沈潜してその中から思想的高昇によって作られてくるのでなければならぬ。科学のみでなく実践にとってもユートピア的思想実験が必要であり、これによって実践は合理性を得ることができる。あらゆる計画にはユートピア的思惟が働いている。ただこのユートピア的思惟は与えられた現実の中に深く入ってその中から出てくるのでなければならぬ。この点においてユートピア作者は却《かえ》って現実を回避した。もちろん彼等はユートピアを単なる思想実験に止めないで現実の実験に移そうと企てた。その場合彼等が彼等の考え方に相応して選んだのは歴史的伝統の存在しない場所であった。とりわけ新大陸が、歴史のないアメリカが多くのユートピア的実験の場所として選ばれた。そこに彼等は彼等のユートピアの欲するような理想的条件が存在すると考えた。歴史的伝統はすべて非合理的なものと思われた。要するに彼等は歴史を避けることによって歴史を作ることを企てたのである。その実験が失敗に帰したのも当然であろう。如何《いか》なる新しい歴史も歴史の中において作られるのほかなく、ただその中においてのみ作られ得るのである。ユートピアは一つの歴史像と考えられるのであるが、却《かえ》って無歴史的であることを特徴としている。ユートピア作者も現実の歴史が複雑な条件から成ることを知っている。そこで彼等は人為的に理想的な条件を作り出す、これはもちろん、プラトンが正確にいっているように、ただ思想のうちにおいてのみ可能である。これによって彼等は理想の国家を現実の歴史との聯関から切り離して案出する。「今そして此処《ここ》で」は「何処《どこ》か」、「嘗《かつ》て或《あ》る時」或《ある》いは「いつか或《あ》る時」となる。即ちユートピアはその本質において時間的空間的に無限定である。あらゆる歴史的なものは時間的空間的に限定されたものである。しかるにユートピアは特定の歴史的空間、特定の歴史的時間において、言い換えると、「今そして此処《ここ》で」実現さるべきものと考えられていない。それは空間上或《ある》いは時間上の遠方におかれるのがつねである。もちろん如何《いか》なるユートピア作者もその材料を現実の歴史から取ってくるのほかないであろう。そこで彼はその理想国が地上において可能になるべき条件を実験的純粋性において考えるのである。この点、既に述べた如く自然科学の実験家が自然の法則を認識して自然を支配するために、自然界の出来事においては決して現われないような理想的条件を人為的に作り出すのに似ており、かような認識方法は歴史にとっても必要であるが、しかし自然科学的経験と歴史的経験との間には差異が存することを考えなければならぬ。自然が一般的なもの、「今そして此処《ここ》で」ということを離れて客観的に考えられ得るものであるに反して、歴史はどこまでも個性的なものである。そこにユートピア作者の混同がある。その混同によって彼は歴史的現実の中に入ってそれと結び附く代りにそれから離れてゆくのである。ユートピアは何処《どこ》でもないところにあるものである。それは歴史的空間と歴史的時間とから游離している。

ユートピアはつねに知性の加工物である。しかし更《さら》にその起原に溯って考えると、ユートピアは構想力から出てくるといわれるであろう。構想力なしにはユートピアは存在し得ない。そして仮にユートピアは無用であるとしても、構想力そのものは歴史にとって重要な意味をもっている。あらゆる歴史的形成は構想力なしには考えられないであろう。しかしこの場合構想力はユートピア的構想力であるよりもゲーテのいう「現実的なものの想像」Phantasie des Realen であるといわれるであろう。それは単なる思想上の表象ではなく、物において或《ある》いは人間の行為によって実現されるものである。芸術家の想像も物から離れたものではない。物において実現さるべき想像は物から離れることができぬ。オイレンブルクは、経済的人間の想像力について論じて、近代においては現実的なものの想像力が著しく発達したし、また発達しなければならぬ理由があると述べている。彼のいうところでは、それは先《ま》ず彼岸の表象の退却によって可能にされた。従来教会は千年期説――フライエルはこれをユートピアに数えている――とその形象的叙述によって民衆の想像生活に極めて大きな影響を与えていた。それは人々の想像力の本質的な部分を吸収してしまっていた。彼等の想像力は来世の生活に向けられて現実の生活に向わなかった。しかるにこの彼岸の想像の退却と共に我々の想像力は此岸に向って解放されるようになった。第二に、自然と地球に関する知識の拡大が構想力に新しい道を示した。第三に、経済が町や村や地方の狭い範囲から国民経済となり、世界経済となったことが、構想力の新しい活動を必要とした。地理的知識の拡大と同じように経済範囲の拡大も、感覚的に経験されるものを想像力によって越えることを我々に要求するのである。第四に、現代の生活においては未来が次第に多く重要性を占めるようになった。未来は直接に与えられた現実ではなく、未だ存在しない可能性の先取であり、構想力によってのみ捉えられ得るものである。第五に新しい技術の存在がある。それは自然を越えてゆく自然法則性の新しい組合わせであり、構想力なしには作られない、とオイレンブルクはいっている。構想力は感覚的に経験されるものを越えて表象する力である。ユートピアが「今そして此処《ここ》で」を越えたものとして構成されるためには構想力に依らなければならぬ。ところで今日ユートピアの存在に対して余地が少くなったように思われるのは、一面からいうと、右のような現実的なものの想像が発達したためであるとも考えることができるであろう。しかしながら他方ユートピアは何等か深く人間性に根差しており、現実的なものの想像のうちにも、特に政治的事象に関する場合、何等かユートピア的なものが含まれると考えられないであろうか。

既にいったようにユートピア作者は世界を二つの部分に分ち、その一方から他方への漸次的な推移は考えられない。これは何を意味するであろうか。この二元性の根源に隠されているのは超越の問題である。この超越が顕わになるに従ってユートピアは予言の性格を一層多く担うに至るであろう。それは宗教的ユートピアにおいて、或《ある》いはまた超越的観念論的ユートピアにおいて認められることである。ユートピアは人間存在の超越性に基いている。人間に超越的なところがある限り、ユートピアは存在することをやめないであろう。しかしながらユートピアはそのものとしては予言と同じではない。予言が超越的なものであるのに対してユートピアはむしろ内在的なものと考えられるであろう。一層正確にいうと、ユートピアは内在的でもなければ超越的でもない。それはいわば内在と超越との均衡する線の上にある。固有な意味におけるユートピアは超越的な神の国の如きものでなく、内在的な歴史的像である。しかしそれは他方無歴史的に考えられている。それは歴史の空間及び時間のうちに定位することのできないものである。けれどもユートピアは超時間的な、先験的な規範として考えられているのでなく、むしろ一つの現実として表象されているのである。一層正確にいうと、ユートピアは規範でもなければ現実でもない。このような甚だ不思議な位置をユートピアは占めている。それは予言者からも、先験主義者からも、合理主義者からも、非合理主義者からも喜ばれないであろう。しかも彼等のいずれもが知らず識らずユートピアを描いているのである。そしてそのような不思議な位置を構想力が占めている。構想力が特に人間的なものであるとすれば、ユートピアも特に人間的なものである。ヒューマニズムにはつねにユートピアがあり、ヒューマニズムそのものが一つのユートピアであるといい得るであろう。人間は自己の描くユートピアに従って生きている。歴史は神話から、或《ある》いはまた悲劇からのみ考えらるべきものではない。歴史はまたユートピアから考えられねばならぬであろう。ユートピアは歴史によって絶えず毀されてゆく。

しかしユートピアは存在することをやめない。ユートピアはつねに歴史の重荷を振り捨てて新しく始めようとする。歴史的存在である人間はこの無歴史的なものを絶えず求めているのである。歴史の中に無歴史的なものが入っている。超歴史的なものと歴史的なものとの中間に無歴史的なものが、永遠なものと時間的なものとの中間に無時間的なものがあると考うべきであろうか。

解説

長山靖生

京都学派の哲学者・三木清は、元々は政治的なものを外面的事象とみなして自己の思考対象から除外し、もっぱら静謐な思索的生活を理想としていた。ところが一九三〇年代に入ると時事的な社会評論を精力的に執筆するに至った。これには経済的な事情もあったが、決してそれが主たる理由というわけではなかっただろう。

一九三〇年代は世界史でいうところの戦間期の後期に当たる。二つの世界大戦に挟まれた一九一九（大正八）年から一九三九（昭和一四）年までの期間をさす戦間期という歴史区分は、ヨーロッパではひときわ重要な意義を持っていた。大戦の主戦場となったヨーロッパ諸国にとって、それは国境を超えて共通する辛い体験と課題を背負った時代であり、政治経済はもちろん文化思想面でも古い体制が崩壊し、様々な大転換への対応を迫られた時期であった。

戦間期はさらに三つの期間に細分される。戦後の復興期には敗戦国はもちろん戦勝国においても、総力戦で兵役や銃後の務めによって国家に奉仕した国民に報いる意味もあって、民主化が促進され、程度の差こそあれ旧支配層の特権が削減された。文化的にも経済的にも戦争の傷が残っていたなかで、ダダイズムやシュルレアリスムなど新たな運動が盛んに起こった。その後、一九二四年頃からの五年間は比較的経済も安定し、ヴェルサイユ体制の「恒久平和」の理想が、方向性としてはまだある程度は信じられていた楽観主義的な期間といえる。アメリカを中心に好景気が続き、欧米諸国では大量生産大量消費を背景にした大衆的で享楽的なモダニズム文化が花開き、日本でもその余波がみられた。

しかし二九（昭和四）年一〇月、アメリカ証券市場での株価大暴落に端を発して世界恐慌が起こると、情勢は一気に不安定化していくことになる。経済混乱が続く中、どの国でも自国優先の偏狭な政策を取るようになり、国家間の軋轢が強まった。英米仏蘭などの広大な国土や植民地を保有する国家は保護主義的なブロック経済に走り、日本では議会政治が退潮して軍部の台頭が目立つようになる。そしてドイツやイタリア、さらにスペインでもファシズムが台頭し、英米仏などでも民族主義的右派組織の活動が活発になり、排外主義が強まった。

第一次大戦で日本は、日英同盟を根拠に連合国側として参戦したものの、ドイツが中国に持っていた青島要塞を攻略してその権益圏を手中にする程度で大きな戦火はなく、欧米の戦時物資需要により漁夫の利を得て好景気に沸いた。その結果、戦後は脆弱ながら市民文化が育ち、昭和初頭には円本ブームも起きていた。しかし関東大震災の被害もあり、さらに世界恐慌の煽りを受けて、経済困窮が広がるのと並行するようにして文化的寛容性が萎んでいき、思想言論の自由も急速に失われていくことになった。

三木清は、比較的自由な空気のあった戦間期の前期中期はもちろん、困難の度合いが高まった後期にあっても、一貫して平和主義と自由主義尊重の立場を取っていた。本書に収めたのはそんな戦間期後期の、緊迫した時代相下での〝行動の思想〟である。

人間はしばしば今起きている事態が、今後の歴史のなかで持つ意味を十分に理解することができない。ふつうの人には日常生活が何より大切であり、それだけで十分に多忙だ。民衆にとって時代の大局は考える対象でなく、何となく行き過ぎ、流され、時には自分も高揚して乗っかるものにすぎない。そうした空気の中、ややもすれば権力に迎合した表現と読み誤りかねないような記述も交えつつ、三木清は全面戦争回避の道を模索し続けた。彼は今現在起きており、進行し続けている事態のうちに、歴史的意味を付与することによって理性が介入する余地を見出し、暴走を押しとどめようと努力していたのである。

今も広く読まれている『人生論ノート』や『哲学ノート』にも顕著であるが、一九三〇年代の三木の著述にはアイロニカルな文章が目立つ。世のありようへの苛立ちや風刺精神もあったろうが、検閲があるために直截に自己の信念を主張することができないという状況下にあって、それでも自己の所信を読者に届けようという営為がそこにはある。私たちは自分の現在や未来を考えるためにも、かつて三木清が困難な時代の読者に、どのような工夫を巡らせながら語りかけたのかを読み解いていく必要がある。曖昧で抽象的な表現も単なるレトリックではなく、検閲や弾圧を掻い潜って言葉を届かせるための努力の産物なのであり、時にもどかしくもある表現はかえってこれを真剣に読み取ろうとする読者のイメージを喚起し、奥深いその思考と情熱を伝えてくれるだろう。三木清の時事随筆は、当時の日本でどこまで言論の自由が許されているかを測るバロメーターだともいわれた。

本書には、困難な時代にも希望を失わず、ヒューマニズムに基づく新時代を構想し、現実を変えようと努め続けた知識人の、気骨ある思考を集めた。これらは閉塞感に捉われている現代の日本人にとっても大いに示唆に富んでおり、自ら考えようとする読者を勇気づけてくれる筈だ。

三木清（一八九七〜一九四五）は第一高等学校在学中に西田幾多郎の『善の研究』に感銘を受け、哲学を専攻することを決意、西田がいる京都帝国大学文学部哲学科に進んだ。在学中に出会った谷川徹三、林達夫、小田秀夫らと親しくなり、一時は白樺派にも関心を持った。大学卒業後は大学院に進み、一九二二（大正一一）年、波多野精一の推薦と岩波茂雄の経済援助を受けてドイツに留学、まずハイデルベルクでハインリヒ・リッケルト教授に師事し、彼の自宅におけるゼミナールではカール・マンハイム、オイゲン・ヘリイゲル、ヘルマン・グロックナーと席を並べた。また同地に留学する日本人仲間に羽仁五郎、大内兵衛、石原謙、糸井靖之、久留間鮫造がいた。リッケルトの許で、三木は頭角をあらわし、その仲介でドイツ語で論文を発表した。翌二三年にはマールブルグに移ってマルティン・ハイデッガーやニコライ・ハイトマンに学び、主に前者の影響を受けてディルタイの著作を精読し、さらにヘルダーリン、ニーチェ、キルケゴール、ドストエフスキーなどに読み耽った。二四年八月、フランスに移ると仏語会話を学びながらベルグソン、テーヌ、ルナンなどを研究したり、アナトール・フランスなどの小説を読んでいたが、ふとパスカルを手にした時、この思想家を通してそれまで自分が摂取してきたキルケゴールやニーチェからアウグスティヌスに遡る西洋哲学や文学が、改めて生き生きと迫ってくるのを感じた。以降『パンセ』は三木の枕頭の書となった。

二五年に帰国した三木清が翌年に著したのが『パスカルに於ける人間の研究』である。三木の人間的基礎は自由主義とヒューマニズムにあった。大正期の教養主義、人格主義の典型といえるが、三木にとって教養は単に摂取し鑑賞し自己形成的に思索する対象にとどまらず、深く社会的実践と結びついていた。この姿勢は後の、体制政治家に対する抵抗しながらの啓発、協力という姿勢にもつながっていく。

帰国後の三木は京都大学でのポストを望んだが、留学前の異性関係が問題視されて適わず、二七（昭和二）年四月、法政大学文学部哲学科主任教授として東京に移り、京都時代から着手していた唯物史観研究などを精力的に発表しはじめた。ハイデルベルク留学時代に親交を深めた羽仁五郎と共同編輯で雑誌「新興科学の旗のもとに」を起こし、党派的な教条に捉われないマルクス主義の研究を企てたが、三〇年に日本共産党に資金提供をしたとの嫌疑を受けて逮捕される事態となった。いわゆる共産党シンパ事件である。労働運動やプロレタリア文学の高まりに、かねて神経を尖らせていた当局は、二八（昭和三）年の共産党大量検挙（三・一五事件）以来、波状的に党員やイデオローグへの弾圧を強めていたが、三〇（昭和五）年の五月には三木清や中野重治ら社会的影響力を持った知識人を見せしめ的に検挙するにいたったのだった。

有罪判決を受けたことで、出獄後も公式には教職に就くことが不可能になった三木は、以降は文筆を中心にした生活に入ることとなった。三木の関心はまずは哲学の原理的研究に向ったが、困難な時局にあって関心を限定するには、彼はあまりに知的好奇心が旺盛で、感受性も鋭敏だった。思想や思考は人間の幸福に寄与するためにあると考える三木は、愛する日本の国土や文化、そして日本人の運命に危機が迫る時局に際して、政治の傍観者でいることはできなかった。彼は危険な行為と知りながら、現実を少しでも良くするために一般読者に語りかけ、さらには苦手な現実政治に巻き込まれつつ奮闘する仕事へと進んでいくことになる。三木は「時務の理論」（『哲学ノート』）でルネサンスの事例にふれ、国家も芸術品のようなものであり、新しい時代を拓くには創造的な構想力を有する政治家が必要だとしている。三木は自らそのための木鐸たろうとした。

同時代の出来事は、日常のなかだけを生きる人には単に個々別々な事件としてしか感じられず、それらがどうつながり、後にどのような意味を持つのかまでは把握されない。結果を知っている後世の人間もまた、その結果を通してしか過去を見ず、しばしば重大な事実を見落としてしまう。当時、全体主義は必ずしも弾圧の思想として姿を現したのではなく（実行された政策はさておき）、断片的には社会改革と伝統継承の両面を含んだ、現実的な改良主義とみなす人々も少なくはなかった。それは行き過ぎた平等主義を避けながら国民間の格差是正を図り、共同体全体での飛躍発展を図る思想だと喧伝された。同胞の連帯や純血や国民の誇りを唱えるそれらのプロパガンダが、多くの人の耳に心地良く感じられたのも厳然たる事実なのだ。だからこそドイツ人はヒトラーに投票したのだし、目下わが軍は快進撃中と報じられれば、現実には物資不足で苦しんでいたにしても、先の希望を信じて気分が高揚することもあったのだろう。だが真の哲学者はそこに歴史的意味を見出し、普遍的な危機を読み取って警告を発し、軌道修正の努力を続けた。

「自由主義者の立場」は冒頭から京大事件、ナチスの焚書、学芸自由同盟、大学自由擁護聯盟といった三三（昭和八）年当時の時局的な話題が並んでいる。この年は世界的にも国内的にも重大な事件が頻発した年だった。ドイツではヒトラーが政権を獲得し、日本は満州国承認問題により国際連盟を脱退し、言論弾圧がますます強まった。

京大事件（瀧川事件）は京都帝国大学法学部の瀧川幸雄教授が前年一〇月に中央大学で行った講演内容が無政府主義的だとして問題視されたことに端を発したもので、当初はさしたるものではなかったが、翌三三年三月に裁判官や裁判所職員に共産党員ならびにそのシンパとされて処断される司法官赤化事件が勃発すると、再び問題化した。内務省は同年四月に瀧川の著書『刑法講義』ならびに『刑法読本』を内乱罪・姦通罪に関する見解に問題ありとして発禁処分とし、文部省は瀧川を休職処分とした。共産主義者や無政府主義者に対する厳しい処断はすでに頻発していたが、瀧川事件は自由主義者にまで弾圧が及んできたことを示す事例だった。

またナチス・ドイツの焚書は、非ドイツ的なものの排斥を唱えるナチスの主張に同調する学生組織が、「非ドイツ的な魂」による好ましくない書物を指定し、恰も祝祭のように広場に集めて燃やした事件である。

これらは共に言論の自由を弾圧するものとして、知識人、学生を中心に抗議活動が起こった。瀧川事件に関して京大法学部では、教授から副手に至る全教官が辞表を提出して抗議(他学部教授は同調せず)、学生や知識人らにも抗議の輪が広がった。大学自由擁護聯盟は瀧川事件を契機に結成されたものだ。しかし事件以降、けっきょくは帝国大学への政府の干渉は強まり、また身の処し方に絡んで多くの知識人間に痼《しこり》を残すことになるのだが、これは「自由主義者の立場」発表以降のことだ。さらにナチスの焚書については日本を含む世界各国で抗議運動が起きたが、三木清は長谷川如是閑、徳田秋声、秋田雨雀らと共にナチス焚書に抗議する学芸自由同盟の発起人となり、野蛮なるヒトラー主義は果たして真に「ドイツ的」であるかを熱く問いかけた。学芸自由同盟の会合で三木清と名刺を交換した仏文学者の中島健蔵は、三木は政治的人間としては不器用きわまる人だったが、知識人を組織する力は大きかったと回想している。三木は同時期に発表した「不安の思想とその超克」で、現代の知識人を包んでいる不安は、客観的社会から孤立させられた人間が主観的な限界状況に追いやられたところに生ずるものであるとし、プルーストやジイドなどフランスにおける「不安の文学」やジョイスらの意識の流れを描く繊細な文学について語り、ハイデッガーやヤスパースなどのドイツの「不安の哲学」の命題を論じながら、個人が抱く不安の思想が社会的不安に制約されているのは自明であるとして論を進めていた。この文章の含意するところは明らかだろう。当時の知識人を包んでいた不安は、一九二七年に自殺した芥川龍之介が遺書に記したような漠然としたものではなく、満州事変以来の明確な、そして如何ともしがたい社会不安なのだった。

自由主義者である三木は、社会のための自己犠牲に対する疑念も述べながら、しかし個人の不安を超克する道は、不安の元凶である社会問題の革新によるよりほかないと説く。けっきょく人は、他の誰のためでもなく自分自身のために主体的に思考し、社会不安に立ち向かっていかなくてはならないだろう。そしてそれは自己犠牲ではなく自己確立であり、自己実現なのだ。

「自由主義者の立場」は直接的には、「倉田氏の所論を読みて」という副題が示しているように、倉田百三の「自由主義者はファッショと提携すべき」との所論に対する反論として書かれた。ナチスによる焚書事件に賛同する文化人はいなかったが、道徳的見地から風俗壊乱文書などに対する取り締まりに賛成する道徳家もおり、赤化勢力の台頭を危険視する市民も少なくなかった。倉田の説もそうした〝良識的市民〟の側から、自由主義知識人の左傾を憂い、扇動的な言動に走ることを戒めたものだった。これに対して三木は、近代資本主義と共に発達した自由主義はあらゆる人間が自由であることを基本としているが、倉田の論を待つまでもなく、すでに多くの自由主義者は社会ファシストとなっているか、その台頭の前に沈黙しているとする。日本では行動に慎重な「正統的自由主義者」がほとんどで、その言動はもはや自由を失っているに等しく、今や真の自由主義者といえるのは頽廃したブルジョワではなく、ただ荒らしく盛り上がってくる大衆と結びついた「新しいヒューマニスト」だけだとする。これは後に、くしくも超国家主義者の蓑田胸喜が指摘したように、鋭い反ファシズムの思想があった。ただし蓑田は、三木を「偽装されたマルクス主義」としたが、これは蓑田が断罪排除したい対象に貼る紋切り型のレッテルだった。三木には協同社会（ゲゼルシャフト）を重んじて利益社会（ゲマインシャフト）の合理主義には否定的な面もあり、全面的に唯物論的というわけではなかった。

「浪漫主義の台頭」は、自己陶酔に陥りがちなロマン主義に対して、より直接的には当時創刊が告げられたばかりだった「日本浪曼派」の姿勢に対して、疑義を呈したものである。

文中にある広告とは、「コギト」三四（昭和九）年一一月号に載った「『日本浪曼派』広告」のことだ。

〈平俗低徊の文学が流行している。日常微温の饒舌は不易の信条を昏迷せんとした。僕ら茲に日本浪曼派を創めるもの、一つに流行への挑戦である〉にはじまるこの広告は〈日本浪曼派は、今日僕らの「自分の青春」の歌である。僕ら専ら青春の歌の高き調べ以外を拒み、昨日の習俗を案ぜず、明日の真諦をめざして滞らぬ。わが時代の青春！　この浪曼的なもの、今日の充満を、心情に於て捉え得るもの、友情である。芸術人の天賦を真に意識し、現状反抗を強いられし者の集いである。日本浪曼派はこゝに自体が一つのイロニーである〉と謳っていた。この美的修辞からも「日本浪曼派」の何が当時の日本人を魅了したのかは、何となく察せられるのではないだろうか。

同誌は、本文中にあるように保田與重郎、亀井勝一郎、中谷孝雄らによって創刊され、まもなく伊東静雄、伊藤佐喜雄、伊馬鵜平、太宰治、檀一雄、芳賀檀、淀野隆三、山岸外史、木山捷平ら「青い花」の同人なども加わった。さらに三七（昭和一二）年には佐藤春夫、萩原朔太郎、中河與一、三好達治、外村繁なども参加している。

「日本浪曼派」は近代批判と古代賛歌を旨として「日本の伝統への回帰」を提唱した文芸グループであり運動だったが、保田は現実の日本を「まだ完成せざる日本」として、その放埒や驕慢や過剰な自負心をも含めて、鑑賞的美学的に礼賛する。「まだ完成されざる日本」とは、つまり青春の日本の意である。青春は未完の焦燥であり、無限定の可能性の留保期間である。それは現実には無であるが思念においては永遠であり完璧である。そのアイロニーの陶酔に身を委ねることは甘美で心地良いが、政治的無定見と結びつけば、きわめて危険だ。保田自身は神道を日本の自然と結びついた民衆的なものと考えており、日本的な価値観を周辺諸国に強制するような皇民化政策には批判的だったし、そもそも当初から敗北の美学を唱え「没落への情熱」と「イロニイとしての日本」を自らのデカダン美学の骨子であると言明しており、あくまで政治思想ではなく文学嗜好上のものだったが、その虚無的思想や自己犠牲賛美が、当時の青年層の政治的無批判の苗床となったのは否定できない。ロマン主義とファシズムは「血と地の神秘主義」に惹かれやすい心情を共有していた。政治的誤りと結びつきやすいこと自体は文芸の罪ではないが、危うい時局にそのような美意識を醸成することの危険性を、三木はこの時点で敏感に感じ取ったのである。

「現代の浪漫主義について」もロマン主義的情熱への懸念を示した論考だ。ここで三木は、古典主義とロマン主義を対立概念とする前提から論をはじめている。そしてリアリズムは浪漫主義に対置されるから、それは古典主義の側にあると論を進めている。この前提は、だが必ずしも一般的ではないだろう。神話や古歌などの古典への関心は、しばしばロマン主義と結びついていた。ロマン主義は神話と現代を意図的に混同し、自己と古代の英雄を同一化する。三木はそうした陶酔的な古典の利用を排し、リアリズムの古典研究こそが本来の道だと説く。これが単なる学問上の提言ではないことは、いうまでもないだろう。

「自由主義以降」は美濃部達吉事件、すなわち天皇機関説事件を扱っている。

天皇は国家の主体か、それとも機関かという議論は、大日本帝国憲法制定以来、憲法学上の論点のひとつだったが、美濃部の学説は国家の主権又は統治権は公人たる国家に帰属するもので、国家がその権利の主体であり、天皇は国家の最高機関であるとしたものだった。美濃部がこの学説を発表したのは一九一二（大正二）年の『憲法講話』で、以来、帝国大学で講じられてきたものだったが、思想界に対する軍部や超国家主義者の干渉の高まりによって、今さらながら問題視されたのだった。ちなみに美濃部学説はドイツの法学者ゲオルグ・イェリネクの保守的な学説を踏まえたものだったが、そのイェリネクもまたナチスの焚書対象に指定されていた。

一九三五（昭和一〇）年二月一八日、帝国議会の貴族院本会議で男爵菊池武夫議員が天皇機関説について松田源治文部大臣に質問し、これを公然と攻撃した。当時、美濃部は貴族院の勅選議員に任じられており、自ら弁明に立ったものの、不敬罪により取り調べを受けるに至った（起訴猶予処分）。昭和天皇は美濃部の学説を妥当とみて支持しており、事態を憂慮していたが、議会に干渉することはなく、けっきょく美濃部は議員を辞職することになる。

思想の自由が狭められていく中、三木清は文壇論壇でしきりに唱えられていた「日本回帰」や「東洋思想」の内容を問う。近代批判の文脈で用いられる「日本の伝統」とは何か、「東洋思想」や日本が克服しつつあるという西欧近代の思想文化はどんなものなのかという問いを通して、「日本」という概念を恣意的に用いる当時の超国家主義的宣伝の欺瞞を指摘したのだ。「日本主義」の曖昧さや、日本の固有性を称揚しつつ大陸に進出していく矛盾、さらにはファシズムの非合理性や、この外来思想を安易に取り入れようとする姿勢への警鐘を「最近の哲学的課題」や「非合理主義的傾向について」などで繰り返し述べ、「悲劇を知らぬ国民」では日本人の無知と楽観を戒めている。

また「日本的性格とファシズム」では、日本的なものは本来形のない、無形式の形式というべきもので、柔軟に異文化を摂取して常に進歩し、また内部に多様性を培い、文化と生活を密着させてきたのだとする。それは思考の柔軟性の現れであり利点である一方、日本の思想や文化を多分に「心境的」なものとし、客観性を欠いた実際的なものに単純化してしまう傾向もあるとした。さらにそのような日本的性格は、ファシズムとは相入れないものであるはずだ……と論を進めている。この時期の三木の時務論には、あの手この手でファシズムを遠ざけようとする戦略が感じられる。そのための弁述手法は巧妙にして多岐にわたる。

たとえば「日本的知性について」では、技術的側面が発展し構成的・体系的な西洋的知性に対して、日本のそれは心的に優れ心境的・随筆的であると後者を称揚することで、その優れた日本をひとつの理論に塗り固めることは誤りだとする。また「時代の感覚と知性」では今日の青年男女の享楽的傾向という当局がしばしばやり玉に挙げる風潮を非難する文脈を通して、労働をスポーツ化するナチスのいわゆる「鋼鉄の浪漫主義」を退ける。そして「弾力ある知性」では古典を真に重んずることとアナクロニズムの差異を論ずる。「教養と時代感覚」では、教養を単に趣味的な知識にとどめず、時代感覚をもって社会現実と結びついたものであるべきだと説く。その精神は、一見すると時務的なものではないかに思われる「デカルトと民主主義」や「パスカルの人間観」でも実践的に生かされている。

また「知識階級と伝統の問題」で三木は伝統の復興は伝統の破壊を必然的に伴うと指摘する。例えばルネサンスは古代ギリシャの文化を発見する一方で中世の教条的神学の支配を破壊した。そして明治期になされた万葉天平時代の復興としての明治の精神は、封建的伝統に対して決別を宣言したのだとする。この二つの「復興」の事例を通して三木が読者の心に喚起しようとしたイメージは明瞭だろう。ルネサンスも万葉天平時代も外に向かって開かれた文化を目指したのであり、それに比べると中世キリスト教や江戸封建制は閉鎖的だった。万葉天平時代は日本最初の文芸隆盛期だが、和歌も官制も都の造営も、漢詩文や仏教文化や大陸文物などの摂取学習のうえに花開いたものだったと三木は説く。

三木清の重要な業績のひとつに『歴史哲学』があるが、彼は歴史哲学・歴史認識を、現実を変革する上で極めて大きな動因だとしていた。三木は「歴史」を出来事のそのものとしての「存在としての歴史」と、その存在（事実）を解釈し叙述する「ロゴスとしての歴史」の二重性においてとらえ、この両者を共に受け止めるという意味で歴史を「経験」するわれわれが、その歴史認識の上に立って生きることの「行為することの歴史性」を考察した。つまり〝歴史〟と〝歴史認識〟と〝今ここ〟の我々の問題を有機的、重層的にとらえ、その絡み合いが生み出すエネルギーの大きさと危険性を看取していた。だからこそ三木清は、寄せてくる時代の大波を押し戻すようにして、繰り返し自由とヒューマニズムの価値を説き続けたのだろう。

「日本の現実」は、大陸で続いている日支事変について論じたものだ。三木は日本の対支行動の目的は爾後における日支親善であり、東洋の平和であるという当時の政府の大義名分を利用し、たしかにこれ以外の目的はあり得ないとこれを肯定したうえで、主に文化史的な見地からその意義を論じるという形で、平和への提言を展開している。

この論旨に感銘を受けた昭和研究会のメンバーらは、近衛文麿公爵の政治指針作成への協力を要請、毎月一回、彼の講義を聞く勉強会を持った。七日会である。

近衛文麿は公家華族のなかでも天皇に最も近い存在といわれ、かねて後藤龍之介や蠟山政道らをブレーンとして不況克服や大陸での動乱収拾のための方策を練っていたが、いよいよ政権が近くなった一九三六年、昭和研究会を正式に発足させた。常任理事には後藤、蠟山のほか賀屋興宣、後藤文夫、佐々弘雄、高橋亀吉、那須皓、松井春生、大蔵公望、東畑精一、唐沢俊樹、田島道治らが就き、委員には石黒忠篤、風見章、膳桂之助、暉峻義等、津島寿一、吉田茂、吉野信次らが名を連ねていた。やがて矢部貞治、笠信太郎らも常任委員に加わり、宇都宮徳馬、平貞蔵、大西斎、尾崎秀実らは委員として参加した。

三木のレクチャーに刺激された昭和研究会は彼を常任委員に迎え、さらに彼を委員長とする文化部門を立ち上げている。委員には加田哲二、三枝博音、清水幾太郎、中島健蔵らがいた。

首相となった近衛文麿は日支事変の不拡大方針を取っていたが、戦闘は続き、日本軍の占領地が広がることをメディアも民衆も歓迎していた。近衛首相はドイツの駐華大使カー・トラウトマンを介して和平交渉を行っていたが、民国政府の蔣介石はこれに応じず、一九三八（昭和一三）年一月一六日には交渉打ち切りの声明を出し、「民国政府を対手とせず」としていた（第一次近衛声明）。

その後、日本軍は広東、武漢を相次いで占領したものの和平の見通しは立たず、近衛は一一月三日に「東亜新秩序建設に関する声明」（第二次近衛声明）を出して、国民政府が新秩序の建設に同意するなら「これを拒否するものに非ず」と譲歩姿勢を示した。これを受けて民国政府のなかで蔣介石と対立していた汪兆銘は和平交渉に応じ、「中国側の満州国承認」と「日本軍の二年以内の撤兵」などを約した日華協議記録を調印した。これを踏まえて近衛首相は「善隣友好、共同防共、経済提携」を基調とする対中和平方針を発表した（第三次近衛声明）。しかしこの声明には「日本軍の二年以内の撤兵」という合意条件は明示されておらず、民国政府は汪兆銘の職務を解いて党から除名した。

こうして第一次近衛内閣による和平交渉は失敗に終わったものの、大陸問題を解決するにあたっての交渉姿勢が柔軟なものとなった背景には、三木清の影響があった。三木はその後も引き続き、昭和研究会を通して戦火の終息を念頭に文筆活動を続けていた。「思想の貧困」には日毎に悪化する非文化的な時流への憤懣と、自分の真意が理解されないことへの苛立ちが感じられる。

「現代日本に於ける世界史の意義」で三木は、大陸の戦火が収まらず混迷を深める時局を受けて「歴史の理性」を説き、混乱状況に意義を見出すことで倫理の枷をはめようとする。「知性人の立場」や「知性の改造」など多くの随筆で、危機意識と破滅回避の模索が語られた。

近代自由主義の発展は知性の抽象化をもたらしたが、三木は人間的な行動には身体的なもの、感情的なもの、パトス的なものが必要だと考えていた。全体主義を警戒しながらも、近代合理主義的な組織体であるゲゼルシャフトではなく、ゲマインシャフト（共同社会）に惹かれるのはそのためだ。しかし三木はゲマインシャフトの排他性を看過せず、いかにしてそれが世界性を獲得できるかに関心を向ける。「知性の改造」が目指しているのは、そうした課題である。それは三木が中心となって昭和研究会がまとめた『新日本の思想原理』（三九）ならびに『新日本の思想原理　続編』（同）にも共通する。『新日本の思想原理』はアジアに新秩序を建設しようとするなら、その根拠となるまったく新しい哲学、世界観が必要であり、その確立こそが日本の責務だとした上で、その新理念は協同主義の原理に立つものでなければならぬと規定し、既存の諸思想、主義を手際よく批判的に分析してみせた。例えば民族主義については〈抽象的な近代的世界主義を克服する契機となる〉としながらも〈今日の世界は単なる民族主義に止まり得るものでない。東亜協同体は民族協同を意図する〉故に日本民族もまた民族主義を越えねばならないとする。さらに共産主義に対しては〈何よりもその階級闘争主義、プロレタリア独裁の思想が否定されねばならぬ。社会の存在はつねに階級制に対する全体性の優位を示している〉とし、自由主義は〈近代資本主義社会の原理であった。この社会が行詰ってきたということは自由主義が行詰ってきたということを意味している。自由主義は個人主義である。個人主義は利己主義として協同主義に対する限り否定されねばならぬ〉といった具合だ。国際主義もまた抽象的で自由主義的なものとして否定される。

それらの諸思想に瑕疵を抱え、実践となるとさらに欠陥が露呈するものであろうことは認めるとして、しかし「新日本の思想原理」が「東亜協同体に於ける日本の地位」という末尾の一文で次のように総括していることは、やはり深刻に受け止めなくてはならない。

ここには輝かしい言葉とは逆に、理想と現実の双方を肯定しながら融合させようとする努力の果ての、痛ましいばかりの空疎さがあった。

〈日本は東亜の新秩序の建設に於て指導的地位に立たねばならぬ。このことは、日本が東亜の諸民族を征服するというが如きことを意味しないのは勿論である。寧ろ日本は東亜の諸民族の融合の楔となるのである。東亜協同体が日本の指導のもとに形成されるのは、日本の民族的エゴイズムに依るのではなく、却って今次の事変に対する日本の道義的使命に基くのであり、かかる道義的使命の自覚が大切である。日本は新しい原理に依る新しい文化を創造することによって初めて真に指導的になり得るのであり、そのとき日本文化は現実に世界を光被することになるのである〉

三木は同時に〈今日必要なことは、東亜の新秩序の建設という日本の使命の立場から日本文化の伝統を反省するということである。しかもこの新秩序の建設には新文化の創造が必要なのであって、日本主義は単なる復古主義であることを許されない。特に今日、一部の日本主義者が日本文化の独自性を主張しながら他方ドイツ模倣の傾向を顕著に有することは甚だ遺憾であると云わねばならぬ〉とも述べ、一部勢力が声高にとなえる日本主義の実態はナチズムに他ならないと暗に批判した。

そして全体主義に対しては、近代の個人主義や自由主義、資本主義などがもたらす無秩序に対しては重要な意味を持つとして直接的な批判は避けつつ、全体主義が現実において陥りやすい当世的な官僚主義の弊害を上げる形で婉曲にこれを否定した。

三木はこれまでの東アジアには、ヨーロッパにおけるギリシャ文化の伝統やキリスト教、さらには近代の科学的思考によって基礎づけられた共通基盤は存在しなかったと指摘する。古代ギリシャの独立した都市国家群は、ヘレニズム文化という共通文化があったからこそオリンピックという平和の祭典を花開かせたのであり、そうしたヘレニズム文化のように世界的意義を持つ新しい「東亜文化」を創造することが、東亜共同体の使命だと説いたのである。これによって三木は、日本主義の拡張としての占領地の植民地支配を戒めようとしたのだった。

さらに「協同主義の哲学的基礎（新日本の思想原理　続編）」で三木は、協同主義は個人主義と全体主義を抑止していっそう高い立場に立つものであると説く。そのために民族を超えた日支親善の理論として打ち出されたのが「東亜協同体論」だった。

協同主義は、日本精神を他民族に押し付けるようなものであってはならず、あくまで協同によって東亜全体で新たに打ち立てられるものであり、それを指導するのが日本だとしても、日本自身もまたその協同体の中に入っていくのであって、その原理に従わなければならないのは当然だった。

そして日本の民族精神は日本の国民協同体理念としては有効でも、東亜協同体全体の思想とするのは民族精神の純粋性という考えにも矛盾するのであり、東亜新秩序は諸民族の対等に基づくさらに高次の理念を打ち立てることによってしか果たし得ないとした。

三木は委曲を尽くして現実と理想のすり合わせを語り、絶望的な条件下でも日本のあるべき形を探り、国民に広く訴えかけるべく努めた。協同主義などの主張は、為政者当局に対して受け入れ可能な道徳的修正を求めたものであり、一種の挑戦でもあった。

三木は協同主義は全体の立場に立つとし、国民の協同から東亜諸民族の協同、そして世界全体の協同という形で協同主義を八紘一宇にすり合わせつつも、〈協同主義は、現状維持的な協調主義ではなく、革新的であり、革新の為めの協同主義である〉とし、〈協同主義の歴史観は、唯物史観と観念史観とを止揚したものであると共に、英雄主義的歴史観と集団主義的歴史観とを止揚したものである〉（『協同主義の思想原理』）と説く。

かつてマルクス主義歴史学者の服部之総は、三木が「物質」を無条件に「存在」とは見なさず、「解釈的概念」と捉えていることを指して、唯物論ではなく観念論だと批判したが、そもそも三木は唯物論と観念論の止揚を目指していたのだった。

とはいえそうした哲学上の課題はもちろん、三木の政治的理想もまた、当時の現実政治に反映されることはなかった。あらゆる思想を糾合し止揚して、各思想の善なるところを摂取して至善を導きたいという三木の理想は、しかしながら何らの段階的実現性のプロセスを持たないものであり、鵺的な空論にとどまらざるを得なかった。三木のなかには理想が形を持って結んでいたかもしれないが、それはあくまで彼の内部にとどまっていた。共栄圏は多文化を認め、日本もまたその一つとして共栄圏のためには日本主義ではなく協同主義的に自己変革せねばならないとしたものの、やはり日本がその中心にいることは自明としていた。

また三木は指導者のあるべき姿勢として、大衆を圧制的に統一するのでなく、大衆の自主性を尊重しつつこれを組織するのでなければならないとしながらも、次のような結論を描かざるを得なかった。

〈指導者の理念は一団体、一民族の内部に於て考えられるのみでなく、諸民族の間に於ても認められねばならぬ。東亜の新秩序は日本のイニシアチヴによって建設されるのである。日本はその国体の根源をなす一君万民、万民輔翼の思想によって古来協同主義を実現してきたのであるが、この精神を完全に発展させることによって日本はかかるイニシアチヴをとり得るのである。〉（同前）

あるいは三木は、現実の軍部自体が天皇をないがしろにして政治を壟断していることを風諫したつもりだったのかもしれないが、それにしてもあまりに迂遠で迎合的なレトリックだ。

それでも三木は理想を求め続けた。「ユートピア論」の冒頭では〈ユートピアについて語ることは今日の流行ではないであろう〉と書き、今日の流行として「神話」と「新秩序」をあげる。神話も新秩序もユートピアではないのだ。過去は完璧ではなく、未来にも完璧は獲得されないだろう。ユートピアは歴史によって常に毀され、現実はいつも理想への夢を裏切る。しかしそれでも人は、過去に架空の栄光を見るのではなく、現在を虚構の理想と強弁するのではなく、知力を尽くして「あるべき自己」「あるべき社会」を目指してユートピアを築く努力をしなければならない。そう語りかける三木は十分にロマンチストであり、希望を失ってはいない。

昭和研究会での彼の仕事は、現実政治を動かすには至らなかった。やがて東亜協同体論や新体制運動は、現実政治のなかで大東亜共栄圏や大政翼賛会へと換骨奪胎されていく。三木清は恐らく自身の努力がほとんど有効に生かされないことを感知していただろう。昭和研究会は四〇（昭和一五）年一一月に解散し、軍部の突き上げに抗し難くなった近衛文麿は政権を去って、東條英機内閣の下で太平洋戦争が勃発する。

開戦後、現実に即して〝時局認識〟を〝戦時認識〟に改めた三木は「戦時認識の基調」（四二）で、あたかも戦争翼賛のイデオローグのように東亜新秩序の建設を力強く説いた。だがそこで三木が述べているのも〈東亜新秩序のための戦争は道義戦争である。戦時認識の根柢には道徳的意志がなければならない。〉〈戦時認識は道徳的実践と深く結び附いたものでなければならない〉といった道徳意識の喚起だった。とはいえそうした表現は、当時の一般読者には戦意高揚のための修辞としか感じられなかっただろう。止められない事態を前に、面従腹背で道徳哲学を説くことは三木の自己弁疏のようでもあり、彼の悲劇的な立場を浮き立たせている。

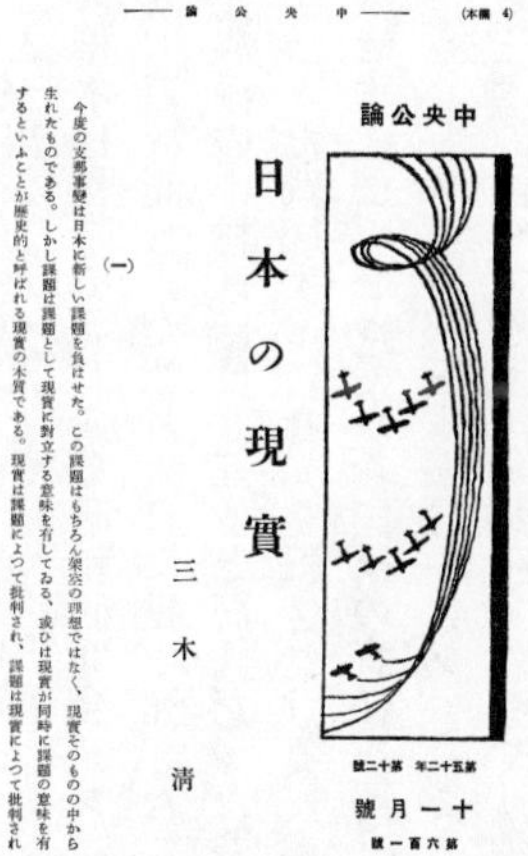
中央公論

中央公論
第五十七年第十一號
十一月號
第六百一號

日本の現實

三木清

（一）

今度の支那事變は日本に新しい課題を負はせた。この課題はもちろん架空の理想ではなく、現實そのものの中から生れたものである。しかし課題は課題として現實に對立する意味を有してゐる、或ひは現實が同時に課題の意味を有するといふことが歴史的と呼ばれる現實の本質である。現實は課題によつて批判され、課題は現實によつて批判され

「中央公論」1942（昭和17）年11月号

戦争末期、三木清は治安維持法被疑者を匿ったことを咎められて拘引され、豊玉刑務所に収監された。刑務所は衛生環境劣悪で、三木は疥癬に罹ってしまう。そして微罪にもかかわらず、誰の助けもないまま一九四五（昭和二〇）年九月二六日に、疥癬に起因する肝臓病のために、苦しみもがきながら獄中死した。

その死には多くの人々が衝撃を受け、通夜の席では共産主義者の松本真一が「政治犯の即時釈放を連合軍に嘆願しよう」と主張した。しかしその口調は場所柄にふさわしくなく、今この時に言うべきことかと反発する者もおり、雰囲気を察して松本は用意してきた嘆願書を出す

ことが出来なかったという。

松本は松本で、友人で昭和研究会メンバーでもあった尾崎秀実がゾルゲ事件で死刑となり、戸坂潤もまた八月六日に獄中死したことから、切実な思いがあったのかもしれないが、民族派の中村武彦は、三木と同囚だった共産主義者たちが三木に何の救いの手も差し伸べず、また戦後すぐに身元を引き受ける友人や弟子が引き取りに行けば出獄できたのにそれもせず、亡くなってから国家の責任を問うて死を悼むのは偽善にすぎると痛烈に批判した。

もっとも当時、三木が獄中にあったことを友人や弟子も知らされずにいた。また戦時下の三木の言動を思えば、共産主義者や進歩主義者とのあいだに距離感があった事情も察せられる。

かえってＧＨＱに三木清の学識を知る者がおり、敗戦後一ヵ月を経ても獄中に捕らわれたまま亡くなったと知って驚愕し、治安維持法を急遽撤廃せしめたのだった。

時代に流されずに真理を追究し続けようとしたからこそ、三木清は時局に抗しなければならなかったし、政治にかかわったためにその渦中に巻き込まれてしまった。だがそれだけに彼の時事的論考には、現実に向き合う思索者にとって普遍的な価値が宿っている。読者が求めるなら、そこから、〝今ここ〟にある課題への助言を引き出し、活用することができるだろう。三木が戦争に向かう時局に対峙しながら、懸念とともに書き付けたことが、今日を生きるヒントとなるのは、往時と今が似ているからではなく、どのような時代にあっても有用な普遍性を持った思索だからだと信じたい。

〈編者紹介〉
評論家・近代思想史。一九六二年、茨城県生まれ。近代日本の文化・思想史から文芸評論や現代社会論まで幅広く執筆活動を行っている。『偽史冒険世界』で大衆文学研究賞、『日本SF精神史』で星雲賞、日本SF大賞、『同【完全版】』で日本推理作家協会賞、『モダニズム・ミステリの時代』で本格ミステリ大賞を受賞。他に『奇異譚とユートピア』『修身』教科書に学ぶ偉い人の話』（以上中央公論新社）、『日本回帰と文化人』（筑摩書房）、『若者はなぜ「決めつける」のか』（ちくま新書）、『テロとユートピア』（新潮社）、『日露戦争』『独身偉人伝』（以上新潮新書）、『恥ずかしながら、詩歌が好きです』（光文社新書）など著書多数。編著に『懐かしい未来』（中央公論新社）『文豪と酒』『文豪と東京』『文豪と食』『文豪と女』（以上中公文庫）など。

出典一覧（初出と底本を示す）

「自由主義者の立場」（「東京朝日新聞」一九三三年七月一三、一四、一五日）『三木清全集 13巻』（岩波書店、昭和六〇（一九八五）年八月）

「浪漫主義の擡頭」（「都新聞」三四年一一月八、九、一〇、一一日）『三木清全集 13巻』（岩波書店、昭和六〇（一九八五）年八月）

「現代の浪漫主義について」（「中央公論」三五年六月号）『三木清全集 10巻』（岩波書店、昭和六〇（一九八五）年五月）

「自由主義以後」（「読売新聞」三五年四月二六、二七、二八日）『三木清全集 13巻』（岩波書店、昭和六〇（一九八五）年八月）

「最近の哲学的問題」（「読売新聞」三五年七月六、七、九日）『三木清全集 15巻』（岩波書店、昭和六〇（一九八五）年一〇月）

「非合理主義的傾向について」（「改造」三五年九月号）『三木清全集 10巻』（岩波書店、昭和六〇（一九八五）年五月）

「悲劇を知らぬ国民」（「読売新聞」三五年一二月三日）『三木清全集 15巻』（岩波書店、昭和六〇（一九八五）年一〇月）

「日本的性格とファッシズム」（「中央公論」三六年八月号）『三木清全集 13巻』（岩波書店、昭和六〇（一九八五）年八月）
「教養と時代感覚」（「新愛知」三六年一一月二四日）『三木清全集 13巻』（岩波書店、昭和六〇（一九八五）年八月）
「デカルトと民主主義」（「新愛知」三七年三月二九日）『三木清全集 13巻』（岩波書店、昭和六〇（一九八五）年八月）
「知識階級と伝統の問題」（「中央公論」三七年四月号）『三木清全集 13巻』（岩波書店、昭和六〇（一九八五）年八月）
「日本的知性について」（「文學界」三七年四月号）『三木清全集 13巻』（岩波書店、昭和六〇（一九八五）年八月）
「時代の感覚と知性」（「婦人公論」三七年六月号）『三木清全集 13巻』（岩波書店、昭和六〇（一九八五）年八月）
「弾力ある知性」（「文藝」三七年七月号）『三木清全集 13巻』（岩波書店、昭和六〇（一九八五）年八月）
「パスカルの人間観」（「新愛知」三七年七月二六日）『三木清全集 13巻』（岩波書店、昭和六〇（一九八五）年八月）
「日本の現実」（「中央公論」三七年一一月号）『三木清全集 13巻』（岩波書店、昭和六〇（一

九八五）年八月）

「思想の貧困」（「東京帝国大学新聞」三八年四月一一日）『三木清全集　15巻』（岩波書店、昭和六〇（一九八五）年一〇月）

「現代日本に於ける世界史の意義」（「改造」三八年六月号）『三木清全集　14巻』（岩波書店、昭和六〇（一九八五）年九月）

「知性人の立場」（「知性」三八年七月号）『三木清全集　15巻』（岩波書店、昭和六〇（一九八五）年一〇月）

「知性の改造」（「日本評論」三八年一一月、一二月号）『三木清全集　14巻』（岩波書店、昭和六〇（一九八五）年九月）

「ユートピア論」（「知性」四一年五月号）『三木清全集　14巻』（岩波書店、昭和六〇（一九八五）年九月）

編集付記

一、本書はオリジナル作品です。
二、旧字・旧仮名遣いは新字・現代仮名遣いに改めた。また適宜、改行を施した。明らかな誤字・脱字は訂正した。
三、外来語や地名・人名などのカタカナ表記は現在、多用される表記に改めた。
四、今日の人権意識に照らして、国名・疾病・身体について差別語及び差別表現があるが、本作品が描かれた時代背景や著者が故人であることを考慮し、発表時のままとした。

編集部

中公文庫

三《み》木《き》清《きよし》 戦《せん》間《かん》期《き》時《じ》事《じ》論集《ろんしゅう》
——希望《きぼう》と相克《そうこく》

2022年2月25日　初版発行

著　者　三《み》 木《き》 清《きよし》

編　者　長《なが》 山《やま》 靖《やす》 生《お》

発行者　松 田 陽 三

発行所　中央公論新社
〒100-8152　東京都千代田区大手町1-7-1
電話　販売 03-5299-1730　編集 03-5299-1890
URL https://www.chuko.co.jp/

DTP　嵐下英治
印　刷　三晃印刷
製　本　小泉製本

Published by CHUOKORON-SHINSHA, INC.
Printed in Japan　ISBN978-4-12-207184-1 C1110

定価はカバーに表示してあります。落丁本・乱丁本はお手数ですが小社販売部宛お送り下さい。送料小社負担にてお取り替えいたします。

各書目の下段の数字はISBNコードです。978－4－12が省略してあります。

中公文庫既刊より

と-28-1
夢声戦争日記抄　敗戦の記
徳川夢声
活動写真弁士を皮切りに漫談家、俳優としてテレビ・ラジオで活躍したマルチ人間、徳川夢声が太平洋戦争中に綴った貴重な日録。〈解説〉水木しげる
203921-6

と-28-2
夢声戦中日記
徳川夢声
花形弁士から映画俳優に転じ、子役時代の高峰秀子らと共演した名優が、真珠湾攻撃から東京大空襲に到る三年半の日々を克明に綴った記録。〈解説〉濵田研吾
206154-5

の-3-13
戦争童話集
野坂昭如
戦後を放浪しつづける著者が、戦争の悲惨な極限に生まれえた非現実の愛とその終わりを「八月十五日」に集約して描く、万人のための、鎮魂の童話集。
204165-3

は-68-1
大東亜戦争肯定論
林房雄
戦争を賛美する暴論か？　敗戦恐怖症を克服する叡智の書か？「中央公論」誌上発表から半世紀、当時の論壇を震撼させた禁断の論考の真価を問う。〈解説〉保阪正康
206040-1

ま-53-1
月白《つきしろ》の道　戦争散文集
丸山豊
ビルマ戦線から奇跡的に生還した軍医詩人が綴る〝白骨街道〟泥濘二〇〇〇キロの敗走。詩情香る戦記文学の白眉。谷川雁、野呂邦暢、川崎洋らの寄稿を収録。
207091-2

や-1-2
安岡章太郎　戦争小説集成
安岡章太郎
軍隊生活の滑稽と悲惨を巧みに描いた長篇「遁走」ほか、短篇五編を含む文庫オリジナル作品集。巻末に開高健との対談「戦争文学と暴力をめぐって」を併録。
206596-3

し-45-1
外交回想録
重光葵
駐ソ・駐英大使等として第二次大戦への日本参戦を阻止するべく心血を注ぐが果たせず。日米開戦直前まで約三十年の貴重な日本外交の記録。〈解説〉筒井清忠
205515-5

し-45-2
昭和の動乱（上）
重光　葵
重光葵元外相が巣鴨獄中で書いた、貴重な昭和の外交記録である。上巻は満州事変から宇垣内閣が流産するまでの経緯を世界的視野に立って描く。
203918-6

し-45-3
昭和の動乱（下）
重光　葵
重光葵元外相は巣鴨に於いて新たに取材をし、この記録を書いた。下巻は終戦工作からポツダム宣言受諾、降伏文書調印に至るまでを描く。〈解説〉牛村　圭
203919-3

い-10-2
外交官の一生
石射猪太郎
日中戦争勃発時、東亜局長として軍部の専横に抗し、戦争終結への道を求め続けた著者が自らの日記をもとに綴った第一級の外交記録。〈解説〉加藤陽子
206160-6

し-5-2
外交五十年
幣原喜重郎
戦前、「幣原外交」とよばれる国際協調政策を推進した外交官であり、戦後、新憲法に軍備放棄を盛り込むことを進言した総理が綴る外交秘史。〈解説〉筒井清忠
206109-5

と-2-2
時代の一面　東郷茂徳　大戦外交の手記
東郷　茂徳
開戦・終戦時に外務大臣を二度務め、開戦阻止や戦争終結に尽力。両大戦にわたり直接見聞、関与した事件・諸問題等について克明に綴る第一級の外交記録。〈解説〉東郷茂彦
207090-5

お-96-1
大野伴睦回想録
大野　伴睦
官僚出身エリート政治家と対決、保守合同や日韓国交正常化に尽力した破天荒な政治家（衆議院議長・自民党副総裁）の抱腹絶倒の一代記。〈解説〉御厨　貴
207042-4

な-52-4
文豪と酒　酒をめぐる珠玉の作品集
長山靖生編
漱石、鷗外、荷風、安吾、太宰、谷崎ら16人の作家と白秋、中也、朔太郎ら9人の詩人の作品を厳選。酒に託された憧憬や哀愁がときめく魅惑のアンソロジー。
206575-8

な-52-5
文豪と東京　明治・大正・昭和の帝都を映す作品集
長山靖生編
繁栄か退廃か？　栄達か挫折か？　漱石、鷗外、鏡花、荷風、芥川、谷崎、乱歩、太宰などが描いた珠玉の作品を通して移り変わる首都の多面的な魅力を俯瞰。
206660-1